Los cimientos de
NUESTRA FE
Las doctrinas que creen los bautistas

Roy T. Edgemon

© Copyright 2001 • LifeWay Press
Reservados todos los derechos

ISBN 0633035475

Está prohibida la reproducción total o parcial de este libro
de cualquier forma o por cualquier método a menos que se indique
por escrito por esta editorial. Para hacer copias o reproducciones
se debe pedir permiso, por escrito, a LifeWay Press
One LifeWay Plaza, Nashville, TN 37234-0175

Tema: Doctrina Bautista,
este libro es el texto para el curso de estudio CG-0624
del plan de estudio de Desarrollo Cristiano

Clasificación decimal Dewey: 230.6

Impreso en los Estados Unidos de América

Adult Ministry Publishing
LifeWay Church Resources
One LifeWay Plaza
Nashville, Tennessee 37234-0175

A menos que se indique lo contrario las citas son tomadas de la Santa Biblia
versión Reina-Valera de 1960, propiedad de Sociedades Bíblicas Unidas,
impresa por Brodman & Holman.Publishers,
Nashville, Tennessee, usada con permiso

CONTENIDO

Acerca del autor	4
Prefacio	5
Capítulo 1: La palabra de Dios	8
Capítulo 2: Dios: El Padre, el Hijo y el Espíritu Santo	20
Capítulo 3: La salvación de Dios	50
Capítulo 4: La vida cristiana	79
Capítulo 5: La iglesia	92
Capítulo 6: La victoria final de Dios	108
Notas finales	122
Preguntas para reflexionar	124

ACERCA DEL AUTOR

El Dr. Roy T. Edgemon, originario de Texas, es director del Grupo Familiar y de Discipulado de LifeWay Christian Resources de la Convención Bautista del Sur. Ejerció el pastorado en Texas durante 15 años antes de ser misionero en Japón; después fue director de planeación para la evangelización y consultoría en el Consejo Nacional para las Misiones (actualmente el Consejo Norteamericano para las Misiones). Se graduó de la Midwestern University y del Seminario Teológico Bautista del Suroeste. Desde que regresó de Japón, el Dr. Edgemon ha servido en muchas iglesias como pastor interino y a la vez ha prestado sus servicios en el Consejo Norteamericano para las Misiones de Lifeway Christian Resources.

Su esposa, Anna Marie Edgemon, es escritora, maestra y oradora. Ha sido maestra de Biblia en muchas convenciones estatales de Unión Femenil Misionera y ha dirigido conferencias a nivel mundial. En el verano de 1986 impartió clases como voluntaria una universidad de China. En años recientes, ha estado enseñando durante ocho semanas, cada otoño, a indios Chautauquas de la tercera edad. Es la autora de los planes didácticos de este libro, así como de varios libros doctrinales publicados anteriormente.

Los Edgemon tienen una hija, Lori Shepard, cuya profesión es la fisioterapia. Está casada con Douglas Shepard, quien trabaja en National Instruments en Austin, Texas. Los Edgemon tienen un nieto Nathan Roy Shepard, y una nieta, Sarah Elizabeth Shepard, a quienes dedican este libro.

PREFACIO

Mi llamamiento y ministerio son los del pastorado. Tengo corazón de pastor. Durante más de 45 años he proclamado la palabra de Dios a gente de todos los grupos sociales, económicos y étnicos, lo mismo como pastor en Estados Unidos que como misionero en el extranjero. He tratado de comunicarme con la gente tomando en cuenta su situación actual y tratando de satisfacer sus necesidades específicas. He escrito este libro con el mismo compromiso. He acometido esta tarea no como un teólogo que escribe un libro de texto, sino como un pastor que dirige la palabra a su congregación.

Este libro no incluye todas las doctrinas que los bautistas creen. La primera edición de este libro, publicada en 1989, ha sido bien recibida. Las doctrinas no cambian, pero los métodos de estudio sí. Hemos revisado este libro para una nueva generación del pueblo de Dios. El Dr. W.T. Conner afirma que la doctrina es a los creyentes lo que el esqueleto al cuerpo. Sin la doctrina, no tenemos estructura. La fe es más que sentimientos. Si la fe fuera solo cuestión de sentir, la doctrina no sería necesaria. Si la fe fuera actividad sin pensamiento, la actividad sería ciega y no tendría un propósito. Los sentimientos deben moldearse conforme a principios racionales y morales. Las limitaciones de espacio me impidieron escribir todo lo que hubiera querido respecto de las diversas doctrinas. Sin embargo, el libro sí representa la perspectiva de un pastor sobre doctrinas clave de nuestra fe.

Mi oración es que ustedes se arraiguen y fundamenten en una doctrina sólida y no sean "llevados por doquiera de todo viento de doctrina, por estratagema de hombres" (Efesios 4.14).

Roy T. Edgemon

Amados, por la gran solicitud que tenía de escribiros acerca de nuestra común salvación, me ha sido necesario escribiros exhortándoos que contendáis ardientemente por la fe que ha sido una vez dada a los santos.

Judas 3

Los cimientos de NUESTRA FE,

Las doctrinas que creen los bautistas

Roy T. Edgemon

Capítulo 1

LA PALABRA DE DIOS

Porque la palabra de Dios es viva y eficaz, y más cortante que toda espada de dos filos; y penetra hasta partir el alma y el espíritu, las coyunturas y los tuétanos, y discierne los pensamientos y las intenciones del corazón.
Hebreos 4.12

Hace algunos años se escribió una obra de teatro en Rusia con la intención de ridiculizar al cristianismo. El título era "Cristo en traje de etiqueta". La primera escena muestra un bar en el interior de un templo, ahí una monjas vestidas con sus hábitos se hallan de pie tomando bebidas alcohólicas y haciendo apuestas. La iglesia se presenta como una guarida de iniquidad. El protagonista, un actor ruso, debía caminar por el escenario y leer algunos versículos de Mateo 5, el Sermón del Monte. Comenzó a leer. Continuó leyendo. Era extraño, pero no podía dejar de leer. Siguió leyendo y leyendo bajo una compulsión irrefrenable. De pronto, un silencio se hizo entre los actores; en medio de la quietud, los espectadores observaban pasmados. Finalmente, el actor levantó sus manos y dijo: "Jesús, recuérdame cuando vengas en tu reino". El telón cayó... para siempre. Las autoridades nunca permitieron que se volviera a escenificar la obra.[1] A pesar de la ridiculización, la palabra de Dios penetró en la mente de los espectadores. La palabra de Dios tiene vida.

Biblia es una palabra conocida, y todos entendemos que se refiere a la palabra escrita inspirada por Dios. El término *biblia* proviene de la palabra griega *biblos,* que significa *libro.* La Biblia es el Libro. Mi expresión favorita para referirme a ella es, sin embargo, *la Palabra de Dios,* la cual se utiliza en Hebreos 4.12. Esta expresión, *Palabra de Dios,* encierra un sentido de autoridad y finalidad. La expresión "dijo el Señor" aparece alrededor de cuatrocientas veces en la Biblia. Lo que Dios habla es su Palabra, y la Biblia es el registro de lo que Dios ha hablado y hecho a través de la historia. El autor de Hebreos no fue el único en utilizar la expresión *palabra de Dios*. Pablo escribió: "Y tomad el yelmo de la salvación, y la espada del Espíritu, que es la palabra de Dios" (Ef. 6.17); y Pedro: "Siendo renacidos...por la palabra de Dios" (1 P. 1.23).

La Biblia dice mucho sobre sí misma. Hebreos 4.12 declara cuatro verdades acerca de la palabra de Dios. Concentrarnos en este versículo nos ayudará a organizar la información.

Origen divino

La primera verdad enunciada en este versículo es que la Biblia es de origen divino. Eso es lo que significa *Palabra de Dios.* Tuvieron que pasar muchos siglos para formar la Biblia en su totalidad. Un gran número de autores la escribieron bajo la inspiración de Dios, en 66 libros de papiro, pergamino y tal vez en tablas de barro. El hecho de que muchas personas hayan participado en la escritura a lo largo de muchos años no demerita el hecho de que sea la Palabra de Dios. Al contrario, esa participación humana, intensa, a través de un largo período de la historia, nos dice que Dios es un Dios de revelación.

Juan comenzó su evangelio con una discusión sobre el *logos,* término que en latín se dice *verbum* y que en español se traduce *Verbo,* para referirse a Jesús. La palabra *logos* tiene una larga historia entre los judíos y los griegos. Los griegos la utilizaban para referirse al principio de causa, y la palabra llevaba en sí misma el peso de la filosofía griega. Algunos eruditos han llegado a creer que Juan tenía este uso en mente cuando llamó a Jesús el *logos.* Esta visión tiene sentido: Jesús es la Causa fundamental. Pero con este enfoque se pierde de vista la rica herencia judía de Juan.

Para la mente judía, *logos* se utilizaba para referirse al poder activo de Dios en la historia, en cuanto la historia obedecía los mandatos de Dios. Dios hablaba y la historia cambiaba; Dios hablaba y se producía una bendición, un enjuiciamiento; Dios hablaba, y los milagros ocurrían.

Los cristianos adoran a Dios, quien inspiró a los escritores de la Biblia.

ACTIVIDAD PERSONAL DE APRENDIZAJE 1

Según el concepto judío de *logos,*
tres cosas ocurrían cuando Dios hablaba. Estas son:

_____

_____

_____

Dios habló su Ley. La forma de hablar de Dios era tan poderosa que nada podía impedir que la palabra divina tomara su curso. Dios llamó a Jesús esa Palabra. Él era la Palabra esencial de redención de Dios, la solución de Dios y la explicación sobre la condición humana. Jesús es la Palabra de Dios enviada a la tierra, el movimiento de Dios en la historia, el agente de Dios de juicio y bendición, el poder de Dios. Nada puede detener a esa Palabra; Él ha venido, y la historia se dirigirá hacia el destino de Dios para ella. Una palabra es la expresión de un pensamiento, y Jesús es la expresión de los pensamientos de Dios. Él mismo es Dios.

En alguna ocasión, aquellos que insisten en la absoluta autoridad y verdad

> Jesús es la Palabra de Dios enviada a la tierra. El movimiento de Dios en la historia, el agente de Dios de juicio y bendición, el poder de Dios.

de la palabra escrita de Dios han sido acusados de bibliolatría, es decir, de adorar a la Biblia en vez de adorar al Dios que la escribió. Debemos admitir que este error puede ocurrir, pero insistimos en que la acusación es infundada. Jesús es la Palabra de Dios; la Biblia es la Palabra de Dios. No son iguales. Jesús es la Persona a la luz de quien interpretamos la Biblia. La Biblia confronta al lector con Jesucristo. Creer en la verdad y autoridad de la Biblia no eclipsa a Jesús como Palabra, sino revela al Jesús de la historia y nos somete al poder de convencimiento de la Palabra viva, a través de la inspiración del Espíritu Santo. Nuestro conocimiento de Jesús se encuentra en la Palabra. Sin duda, Dios y Jesús son mayores que la Biblia; pero la Biblia es la base y el termómetro de nuestro conocimiento y experiencia referentes a todo lo que Dios es y dice. La Biblia como Palabra de Dios tiene el poder de Jesús tras ella y en ella.

La Biblia contiene afirmaciones de su origen divino. Pablo escribió: "Toda la Escritura es inspirada por Dios, y útil para enseñar, para redargüir, para corregir, para instruir en justicia, a fin de que el hombre de Dios sea perfecto, enteramente preparado para toda buena obra" (2 Ti. 3.16-17). Pedro escribió: "... los santos hombres de Dios hablaron siendo inspirados por el Espíritu Santo" (2 P. 1.21).

Pedro dice que la Palabra de Dios se originó no porque los seres humanos eligieran decirla; la Biblia no es producto de la imaginación humana. ¿Seríamos los humanos tan honestos como lo fue Dios? Nunca hubiéramos revelado los defectos de los grandes héroes de la Biblia. No hubiéramos mostrado las fallas de David, ni la ebriedad de Noé, ni las situaciones difíciles de Lot. La Biblia muestra a las personas tal como fueron. Hoy podemos mirarnos en la Palabra de Dios como en un espejo. Fue escrita para abordar de una manera comprensiva las necesidades humanas y para enseñarnos la filosofía que necesitamos en la vida. Fue escrita para poner en claro la realidad. Fue escrita para enseñarnos la ética conforme a la cual debemos vivir, si queremos actuar de acuerdo con el plan para el que fuimos creados. Fue escrita para hacernos saber por qué los seres humanos actuamos como lo hacemos.

ACTIVIDAD PERSONAL DE APRENDIZAJE 2

Dé cinco razones por las cuales la Biblia fue escrita.

_____   _____

_____   _____

_____

Tengo un amigo en Texas que trabajaba en una compañía telefónica instalando líneas. Su vida se caracterizaba por ser desenfrenada, temeraria, carente de propósito, y su matrimonio terminó en divorcio. Mi amigo sentía que nadie lo quería, que nadie lo amaba. Se había convertido en una persona desagradable que había estropeado su vida entera. Cierto día se encontraba en un hotel de Abilene, Texas, considerando la posibilidad de suicidio, cuando vio un ejemplar de la Biblia publicada por los Gedeones y leyó la instrucción: "Plan de salvación, véanse estas Escrituras". Comenzó a leer las Escrituras; 30 minutos más tarde se arrodilló y dijo: "Dios, yo sé que estás vivo. Sé que esta Palabra es verdadera. Sé que soy un pecador. Dios, ten misericordia, perdóname y ven a mi vida". El Señor hizo exactamente lo que aquel hombre le pidió que hiciera, y ahora la vida y la naturaleza entera de mi amigo ha cambiado. Conozco cientos de personas que han sido transformadas por la Palabra de Dios, simplemente porque la leyeron; porque la Palabra de Dios es vital y vibrante, porque habla a las necesidades de la humanidad.

Inspirada de un modo singular

Cuando afirmamos que la Biblia fue inspirada, no queremos decir que esa inspiración fue semejante a la que ha originado otros grandes libros o poemas. Muchas obras de inspiración son producto del genio humano. Tales obras contienen pensamientos e ideas profundos e inspiradores. La inspiración natural o humana es de gran valor, pero la inspiración de la Biblia es más que eso.

Tampoco nos referimos a la inspiración parcial; es decir, que unas partes de la Biblia fueron inspiradas y otras no. Ni tampoco creemos que se inspiró más a los autores del Nuevo Testamento que a los del Antiguo. Jesús aportó su discernimiento e interpretación del Antiguo Testamento, lo que exigió una nueva forma de ver esta parte de la Biblia. Una regla fundamental de interpretación bíblica para los cristianos es que el Nuevo Testamento permite interpretar el Antiguo Testamento. Los escritos del Antiguo Testamento, que constituían la única Biblia que los primeros cristianos tuvieron, se consideran de igual inspiración que los escritos del Nuevo Testamento.

Finalmente, cuando afirmamos que la Biblia fue inspirada, no queremos decir que solo sus ideas fueron inspiradas, sino también sus palabras. Creemos que los escritores fueron inspirados para utilizar ciertas palabras y dar determinados detalles, así como para formular ideas y conceptos.

Texto confiable

Frecuentemente escuchamos hablar de los manuscritos originales de la Biblia. El mundo cristiano no cuenta en su haber con los manuscritos originales, es decir de la propia mano de los autores. Eruditos cuidadosos y dedicados, sin embargo, han aportado, a través de los siglos, manuscritos

> Muchas obras contienen pensamientos e ideas profundos e inspiradores. La inspiración humana es de gran valor, pero la inspiración de la Biblia es más que esto.

muy antiguos y confiables. Muy pocas palabras de la Biblia han sido puestas en tela de juicio, y las que lo han sido provocan solo pequeñas variedades de interpretación sin acarrear diferencia alguna en nuestra fe. Muchas traducciones de la Biblia están a nuestro alcance hoy día. Sin importar la traducción que utilice, bien sea la versión de Casiodoro de Reina (1569) o alguna versión contemporánea que tome en cuenta los últimos descubrimientos en cuanto a manuscritos, usted puede leer con la absoluta confianza de que está leyendo la palabra de Dios. Toda buena traducción es capaz de guiar al perdido, de hablar a las necesidades humanas, juzgar, enseñar e inducir a un compromiso con Cristo Jesús.

Lógica del origen divino

El origen divino de la Biblia es lógico. Este hecho se basa en la naturaleza de Dios como un Dios que se revela a sí mismo. ¿Acaso no es razonable que un Dios revelador inspirara un registro verdadero, confiable, autorizado, inerrante de su revelación? Un Dios de revelación, ¿acaso no proporcionaría una norma para medir lo correcto y lo incorrecto, nuestras percepciones acerca de Dios y la naturaleza de la redención? ¿No es razonable creer que un Dios de revelación diera un cuerpo autorizado de material escrito para estudiarlo y saber de Él, en lugar de exponer a la gente a los caprichos de los charlatanes, al misticismo infundado y a las ideas sinceras pero equivocadas? En efecto, es absolutamente ilógico que un Dios de revelación no diera una palabra escrita. Estos argumentos evidencian el origen divino de la Biblia.

Jesús declaró acerca de la Palabra de Dios en Mateo 22.29: "Erráis, ignorando las Escrituras y el poder de Dios". De niño, en el templo, Jesús, por su comprensión de las Escrituras, confundió a los eruditos. En la experiencia de la tentación en el desierto, Jesús recurrió a las Escrituras y las citó. Jesús dijo a los judíos: "Si vosotros permaneciereis en mi palabra, seréis verdaderamente mis discípulos; y conoceréis la verdad, y la verdad os hará libres" (Jn. 8.31-32).

El aliento de Dios

La segunda verdad de Hebreos 4.12 es que la Biblia es "viva y eficaz". Una palabra griega importante en este versículo es *zoa*, que significa vida. La Biblia da vida. Una de las acepciones más importantes de este término en español es la que define la vida como aquello "que dura y subsiste en toda su fuerza y vigor". De ahí la universalidad de la Biblia. El versículo de 2 Timoteo 3.16, citado anteriormente, dice que "Toda la Escritura es inspirada por Dios". La palabra griega es *theopneustos*. *Theo* significa Dios y *pneustos* aliento. Toda Escritura fue hecha por el aliento de Dios.

Génesis 2.7 da una luz sobre este concepto: "Entonces Jehová Dios formó al hombre del polvo de la tierra, y sopló en su nariz aliento de vida, y fue el hombre un ser viviente". El aliento de Dios dio vida a la humanidad. De la

---

La Biblia es la Palabra inspirada por Dios. Es viva y eficaz.

misma manera, el aliento de Dios dio vida a la palabra escrita. No es un libro entre otros, ni siquiera si se le clasifica como un clásico. Es singular porque ningún otro libro ha recibido el aliento de Dios. Los escritores a menudo sienten que escriben cuando les viene la inspiración. Pero ese tipo de inspiración no es de la misma naturaleza que aquella experimentada por los escritores de la Biblia. Dios los inspiró de un modo único. Además, Dios dio su aliento a la Palabra escrita para que fuera no sólo el registro inspirado de los escritores, sino para que fuera viva. Hoy en día la Biblia exhala su aliento, el aliento de Dios.

La Palabra viva da vida. Cumple lo que promete, y nos guía al seguir sus preceptos. Promete ser una lámpara a nuestros pies y lumbrera a nuestro camino (Sal. 119.105). Promete ser confiable (véase Sal. 19.7). Promete corregir y disciplinar (Proverbios 6.23). Y promete guiarnos hacia una vida real, abundante, conforme el Espíritu Santo interactúa con nuestro espíritu (2 Co. 3.6). Jesús dijo: "El espíritu es el que da vida; la carne para nada aprovecha; las palabras que yo os he hablado son espíritu y son vida" (Jn. 6.63).

Pedro escribió: "Siendo renacidos, no de simiente corruptible, sino de incorruptible por la palabra de Dios que vive y permanece para siempre" (1 Pedro 1.23). Unos arqueólogos encontraron la tumba de un hombre de la realeza. Entre los tesoros se hallaban varios jarrones. Estos habían sido sellados con cera; se encontró que contenían semillas. Los científicos decidieron plantar las semillas. Para su sorpresa, las semillas germinaron. Con agua y luz esas semillas, almacenadas durante siglos, produjeron vida. Así es la palabra de Dios. Cuando el agua y la luz de un corazón creyente preparan el terreno para cultivar la palabra de Dios, entonces la vida surge. Usted y yo somos salvos por la cualidad de la palabra de Dios para dar vida.

La palabra indestructible de Dios

La tercera verdad revelada acerca de la Biblia en Hebreos 4.12 es que es "viva y eficaz, y más cortante que toda espada de dos filos; y penetra hasta partir el alma y el espíritu, las coyunturas y los tuétanos". Pedro escribió que "toda carne es como hierba" (1 P. 1.24) y perece, "mas la palabra del señor permanece para siempre" (1 P. 1.25). Jesús dijo: "El cielo y la tierra pasarán pero mis palabras no pasarán" (Mt. 24.35), y otra vez: "Porque de cierto os digo que hasta que pasen el cielo y la tierra, ni una jota ni una tilde pasará de la ley, hasta que todo se haya cumplido" (Mt. 5.18). La gente ha quemado la Biblia. Ha quemado a sus traductores. Ha quitado lo que no le parecía y ha hecho versiones condensadas. Naciones y gobernantes han buscado erradicarla de sus culturas y de la tierra. En casi todos los hogares de Norteamérica hay una Biblia. La Biblia se encuentra en muchos idiomas en todo el mundo. Ejerce una influencia aun en los lugares donde predominan las religiones no cristianas. La Biblia, podemos concluir, está bajo la protección de Dios, y Él es el Dios de este universo.

La palabra de Dios es poderosa; perdurará hasta el fin del mundo. Es

Los críticos de la Biblia vienen y van, pero la palabra de Dios permanece para siempre.

una espada de dos filos. Un tipo de espada utilizada en los días del Nuevo Testamento era una espada corta, puntiaguda, de dos filos como una rasuradora de dos navajas. Cortaba en dos direcciones. La palabra de Dios actúa de ese modo en nuestra vida. Tiene "filo por ambos lados". Cuando usted la lee, penetra en el alma, y penetra en la naturaleza del lector y del oyente. Cuando Pedro predicó en el Día de Pentecostés, hombres y mujeres dijeron compungidos: "¿Qué haremos?" (Hch. 2.37). Dios penetra aun hasta los secretos más profundos de nuestro corazón. Nos hace darnos cuenta de lo que es correcto y lo que es incorrecto. Llega a lo profundo de nuestra vida, y nos da vida al permitir que nos veamos como realmente somos y despertarnos al potencial poderoso de lo que Dios nos ha llamado a ser.

Apocalipsis 19.13,15 describe el regreso de Jesús al final de los tiempos. Se le describe con ropa teñida en sangre y de su boca sale una espada aguda con la cual herirá a las naciones. ¿Qué nombre se le da a Jesús en este pasaje? El Verbo de Dios.

El poder de la Biblia para hacernos admitir el error

Cuarto, la palabra de Dios enjuicia. Hebreos 4.12 dice que la palabra de Dios "discierne los pensamientos y las intenciones del corazón". La palabra griega utilizada en Hebreos 4.12, *kritikos*, no aparece en esta forma en ninguna otra parte de la Biblia. La palabra *crítica* se deriva de esta palabra. La palabra de Dios escudriña nuestra vida, nos observa, juzga y determina lo que es correcto e incorrecto, lo bueno y lo malo, lo perfecto e imperfecto. Es un crítico de nuestras vidas, la norma con base en la cual somos juzgados. Quizá alguien pueda pensar que al momento de estar ante la presencia de Dios, en el juicio, podría argumentar: "Señor, tú comprendes. Fui un hombre del siglo XX. Viví en los 90. Eran tiempos de cambio en la moral. La gente desafiaba la ética de la Biblia. Tú comprendes, ¿no es así, Señor?" Todo el mundo debe saber que Dios no juzgará sobre la base de nuestro árbol genealógico o el siglo en el cual vivimos. Juzgará sobre la base de nuestra fidelidad a la Palabra viviente.

En *Fe y mensaje bautistas* se declara acerca de la Biblia: "Dios es su autor, la salvación es su finalidad, y la verdad, sin tinte de error, es su tema. Revela los principios mediante los cuales Dios nos juzga, y por lo tanto es, y permanecerá siendo hasta el fin del mundo, el verdadero centro de la unión cristiana, y la norma suprema con base en la cual toda conducta humana, credos y opiniones religiosos deberían ponerse a prueba".

En cierta ocasión John Quincy Adams, quien fuera presidente de los Estados Unidos, llamó la atención del Senado de Estados Unidos sobre el problema de las medidas. Señaló dos *bushels* (un *bushel* es la medida de capacidad para áridos de 35.239 litros), uno era de Nueva York y el otro de Carolina del Sur. Un *bushel* contenía 63 pulgadas cúbicas más que el otro. Más tarde ese mismo día sostuvo en su mano una báscula de Maine y una de Massachusetts. Una pesaba 13 onzas más que la otra. Preguntó a los senadores cómo podría unirse esa nación si los *bushels* y las libras se medían y pesaban

La palabra de Dios "discierne los pensamientos y las intenciones del corazón". (He. 4.12)

de modo diferente. Los productos agrícolas no podían medirse ni pesarse sin confusión. El comercio interestatal se dificultaría. Se estableció entonces una agencia de pesas y medidas. Hoy se encuentra en el museo Smithsonian una máquina para pesar, y uno no puede acercarse más allá de un círculo señalado, pues la máquina es tan sensible que el calor del cuerpo es capaz de afectar a la báscula.

Dios tiene una báscula, un sistema de medidas que es preciso y es la norma mediante la cual todo se mide. Es su Palabra. No seremos juzgados por ninguna báscula creada por la humanidad, sino por la norma de Dios. La norma es nuestro crítico. Dios nos juzgará con base en ella.

ACTIVIDAD PERSONAL DE APRENDIZAJE 3

Consulte Hebreos 4.12 y enumere cuatro características de la palabra de Dios.

_____

_____

_____

_____

El mensaje claro de la palabra de Dios

La Biblia es clara en su mensaje. Hebreos 4.2 dice: "Porque también a nosotros se nos ha anunciado la buena nueva como a ellos, pero no les aprovechó el oír la palabra, por no ir acompañada de fe en los que la oyeron". El evangelio no es complicado. La mayoría de los asuntos éticos no son complicados. El modo de vivir de acuerdo con la Biblia no es complicado. El discipulado no es complicado. El mensaje es confuso solo cuando la mente y el corazón están aturdidos. Cuando la gente escucha la Biblia con un corazón abierto y dispuesto a creer, escucha un mensaje claro.

Pedro aconseja que prestemos atención a las Escrituras "como a una antorcha que alumbra en lugar oscuro" (2 P. 1.19). La oscuridad se halla por doquier en la tierra; la única verdad de la cual podemos depender usted y yo con certeza es la palabra de Dios. Su luz ilumina la vida y las culturas, aun aquellas de las tribus que viven en los lugares más oscuros de la tierra.

La Biblia revela progresivamente, pero guarda una perfecta unidad entre sus revelaciones.

Muchos cristianos evangélicos han escuchado la historia de los indios Auca, que mataron a los misioneros que les llevaron el evangelio. No obstante ese hecho, en la actualidad, a través de libros y películas, se da a conocer la conversión de los Auca, lo que Dios ha hecho en sus vidas, y cómo la luz de la palabra de Dios ha suscitado el cambio. Eso es lo que Dios ha hecho con su Palabra en el mundo entero.

Toda la Escritura es importante

Algunas personas opacan la claridad de la Biblia, argumentando que contiene contradicciones e incongruencias. Esta postura debe rechazarse. Hubo una progresión en la Biblia en tanto Dios preparó a Israel y al mundo para la venida de Cristo Jesús, pero la Biblia es un todo. Existe una unidad en ella. Los bautistas, desde nuestros inicios, hemos afirmado que creemos en la Escritura en su totalidad. Toda la Biblia es necesaria para que entendamos todo lo que Dios ha elegido revelarnos. Pablo instruyó a Timoteo: "Procura con diligencia presentarte a Dios aprobado, como obrero que no tiene de qué avergonzarse, que usa bien la palabra de verdad" (2 Ti. 2.15). Segunda de Pedro 1.20 nos pone sobre aviso respecto de las interpretaciones privadas. Algunas personas construyen su propia teología a fuerza de "cortar y pegar" ciertos versículos de la Biblia. Esta clase de estudio negligente de la palabra de Dios no es ni más ni menos que una interpretación privada. No se trata de un manejo adecuado de la palabra de Dios, sino más bien de una carnicería para adaptar la Biblia a los caprichos de alguien.

El socio de mi padre, quien no era cristiano, sufrió un ataque al corazón y se hallaba al borde de la muerte. Antes de que muriera, tuve la oportunidad de exponerle el plan de salvación y recibió a Cristo como su Salvador. Su esposa me pidió que predicara en el funeral para cumplir el deseo del esposo. Ella, una testigo de Jehová, preguntó si yo utilizaría los pasajes que ella sugiriera. Le dije que lo haría si eran de la Biblia. Más tarde me dio una lista larga de textos, pero eran fragmentos de textos que se entendían de modo diferente cuando habían sido sacados de su contexto. Desde luego, cuando dirigí el culto, utilicé los pasajes enteros. Satanás con frecuencia tergiversa la Escritura al fragmentarla y sacar los versículos de contexto a fin de que se distorsionen y conduzcan al camino equivocado.

La unidad histórica de la Biblia

La Biblia constituye una unidad desde el punto de vista histórico. Aunque fue escrita durante muchos siglos, su mensaje es históricamente lógico y progresivo. Las religiones del mundo por lo general ven la historia con una naturaleza cíclica. Es decir, que la historia se repite una y otra vez en un ciclo continuo. Una nación surge, se vuelve poderosa, decae y es sustituida por otra, sin que la historia tenga una dirección o propósito definidos. O bien, en el budismo, una persona pasa, de una encarnación a otra, en su

---

La Biblia nos produce un increíble gozo al revelarnos que somos parte de lo que Dios hace. Somos copartícipes de su obra eterna.

fallido intento por llegar al Nirvana, el lugar de la felicidad. Aunque aprendemos de la historia, una cierta desesperanza emana de la visión cíclica, porque nada cambia en realidad cuando la historia se desarrolla a través de sus ciclos. La visión cristiana concibe la historia más como una línea que un círculo, que avanza hacia el clímax que Dios le ha preparado. La historia tuvo un principio y tendrá un final. La Biblia refleja su unidad histórica a medida que nos explica cómo se ha revelado Dios a sí mismo y cómo ha revelado su voluntad a lo largo de un período muy extenso. Además, sabemos que Dios tiene una meta, un destino hacia el cual la historia se desplaza, porque la Biblia lo dice así. Y conforme estudiamos la Palabra de Dios, comenzamos a ver nuestros lugares individuales en ese destino, así que la Biblia nos produce un increíble gozo al revelarnos que somos parte de lo que Dios hace. Somos copartícipes de su obra eterna. La diversidad de la Biblia se unifica en su mensaje. Su historia, poesía, biografía, proverbios, sermones y teología conforman una unidad.

Cuando el Dr. B.H. Carroll, decano del Departamento Bíblico de Baylor University y primer presidente del Seminario Teológico Bautista del Suroeste en Estados Unidos, era joven, pensó que había descubierto miles de contradicciones en la Biblia. Después que empleó cierto tiempo en el estudio, se dio cuenta que no había tales contradicciones. Las había resuelto todas excepto seis. Admitió: "Estoy dispuesto a creer que si tuviera más juicio podría armonizar esas otras seis".[2] La palabra de Dios es una unidad. No está fragmentada, ni carece de armonía. Da lugar a una comprensión armoniosa de los hechos. Posee una unidad teológica. Los temas de los pactos, el reino, la gracia, la salvación, la venida de Jesús y la segunda venida de Jesús se encauzan hacia un final histórico, en el que Jesús vendrá otra vez.

La autoridad de la palabra de Dios

Quienes han considerado que la Biblia no es clara han formulado credos. Un credo es una declaración de fe obligatoria para quienes lo suscriben. John Leland dijo que en el momento en que formulemos un credo, habremos creado un culto que se interponga entre Dios y nosotros. Por lo tanto, afirmó, debe haber un solo credo en la vida bautista: la Palabra de Dios, y ningún otro. Ese consejo fue sabio en aquellos días y lo sigue siendo en la actualidad. La verdad y la libertad se encuentran en la Palabra de Dios. Nuestros antepasados bautistas creían que la Biblia es la Palabra perfecta de Dios. Creían que todo creyente es competente para leer e interpretar las Escrituras, bajo el liderazgo del Espíritu Santo. Algunos de ellos dieron su vida para defender el concepto de que toda persona tiene el derecho de tener acceso a la Palabra de Dios por sí misma. Insistieron en que la gente no necesita un mediador, bien sea un sacerdote o alguna otra persona que le enseñe la palabra de Dios. El Espíritu Santo vivifica la Palabra.

El Espíritu Santo da vida a la palabra de Dios para quienes la leen.

Juan Wesley, el gran evangelista y teólogo de la historia cristiana, padre del metodismo, escribió: "Quiero saber una cosa, el camino al cielo, cómo llegar a salvo a ese feliz paradero. Dios mismo tuvo a bien mostrar el camino: para este mismo fin descendió del cielo. Escribió un libro. ¡Oh, dadme ese libro! A cualquier precio ¡dadme el libro de Dios! Lo tengo. Para mí, ahí hay suficiente conocimiento. Permítanme ser *homo unius libri* [hombre de un solo libro]".[3] Un compositor de himnos expresó un pensamiento similar acerca de la Biblia:

Oh palabra de Dios encarnada, oh sabiduría de lo alto,
Oh verdad inmutable, oh luz de nuestro cielo gris:
Te alabamos por el resplandor de la página santa,
Una lámpara a nuestros pies alumbra de una edad a otra.
William W. How

La Biblia es como ningún otro libro. Esto se debe a que la Biblia es el libro de Dios. Es divino, autorizado, infalible, inerrante, inspirado por Dios y verdadero sin tinte de error.

ACTIVIDAD PERSONAL DE APRENDIZAJE 4

¿Puede identificar algún momento de su vida en que la Palabra de Dios le haya dado instrucciones específicas sobre su situación? ¿Qué parte de las Escrituras le "habló" a usted en esa ocasión?

_____

_____

_____

NOTAS | CAPÍTULO I

CAPÍTULO 2

DIOS: EL PADRE, EL HIJO Y EL ESPÍRITU SANTO

Dios dijo a Moisés: "YO SOY EL QUE SOY" (Éx. 3.14). La verdad fundamental de la fe cristiana reside en lo que la Biblia nos enseña acerca de Dios, porque nuestra comprensión sobre este tema moldeará nuestro conocimiento de la fe cristiana. Dios es el infinito y perfecto Espíritu, un ser, que creó y sustenta el universo y todo lo que hay en él. Se revela a nosotros como Padre, Hijo y Espíritu Santo. Participa en la historia y en las personas para llevar al mundo al destino que planeó desde el comienzo.

En este capítulo consideraremos lo que la Biblia nos enseña acerca de Dios el Padre, Jesús, el Hijo y el Espíritu Santo.

Dios es mucho mayor de lo que sabemos acerca de Él. Por su amor, ha elegido revelarse a nosotros.

Verdades bíblicas: Dios el Padre

Ninguna definición puede explicar cabalmente a Dios. Es más de lo que lo podamos conocer. Aunque debemos aceptar esta limitación sobre nuestro conocimiento de Dios, existen ciertas verdades bíblicas acerca de Él que exigen nuestra atención. Consideraremos las siguientes verdades acerca de nuestro Padre Celestial: 1. Dios es uno. 2. Es Espíritu. 3. Es un ser. 4. Es infinito. 5. Es perfecto. 6. Es Creador. 7. Él dirige la historia hacia el destino que Él planeó para el mundo. Como veremos, estos detalles atañen a todas las personas de la Trinidad.

Un Dios, tres personas

Cuando los musulmanes conquistaron el Cercano y el Medio Oriente en el siglo VII, destruyeron a todo aquel que ellos consideraban no era monoteísta. Ofrecieron a los pueblos conquistados la opción de convertirse al islamismo o morir. A los judíos les permitían vivir y practicar su religión porque adoraban a un solo Dios. Los musulmanes asesinaban a los paganos —quienes creían en más de un dios— si no se convertían al islamismo. Los musulmanes consideraban paganos a los cristianos porque la Trinidad era percibida por ellos como una creencia en tres dioses.

Ideas erróneas acerca de la Trinidad

Al abordar esta doctrina, la comunidad cristiana ha rechazado un buen número de explicaciones planteadas a lo largo de varios siglos. Un examen breve nos ayudará a comprender la Trinidad y aclarará lo que no es.

La Trinidad no es una sucesión de formas en que Dios haya aparecido en la historia. Dios no se manifestó exclusivamente como Padre en la época del Antiguo Testamento, luego como Jesús durante la del Nuevo, y como Espíritu Santo después de la ascensión de Jesús. Tal visión reduce el concepto de las personas de la Trinidad y niega la naturaleza eterna de las tres. Esta visión se conoce como "modalista", con lo cual quiere decirse que Dios apareció de diferentes modos en diferentes tiempos.

En segundo lugar, la Trinidad no está formada por tres dioses. Este concepto, denominado "triteísta", la describe como tres seres iguales pero separados, que forman una deidad cuyos miembros se juzgan necesarios.

En tercer lugar, Jesús no se integró a la Trinidad en un momento específico de su vida. Esta visión propone que en alguna etapa de su vida, generalmente se piensa que después del bautismo, el Jesús humano fue adoptado por el Padre, momento en que fue hecho divino. Este concepto, llamado "adopcionismo", declara que el Espíritu Santo confirió divinidad a Jesús cuando el Espíritu descendió en la forma de una paloma.

Una explicación de la Trinidad

La palabra *Trinidad* no se encuentra en la Biblia. La creencia en la Trinidad es una forma de entender lo que la Biblia enseña acerca de Dios. Él se revela en la Biblia como el Padre, el Hijo y el Espíritu Santo. Esta palabra es un término teológico que se utiliza para describir esta revelación.

La trinidad es difícil de explicar, aun a los cristianos. Es un misterio conocido solo por Dios mismo, y los cristianos lo aceptan porque la Biblia lo enseña, no porque pueda racionalizarse.

Cuando pensamos en Dios el Padre, lo identificamos como el Dios del Antiguo Testamento y aquel a quién Jesús oró. El Padre es en quien pensamos cuando describimos la naturaleza de Dios y analizamos sus características. A Él es a quien nos referimos cuando hablamos de Dios.

Aunque consideramos las características de Dios en torno a la persona del Padre, este es un concepto del Nuevo Testamento. El término *Padre* rara vez se utiliza para referirse a *Dios* en el Antiguo Testamento y cuando aparece entraña la idea de un *Padre* en relación con una colectividad, Dios es el Padre del pueblo de Israel. Nunca se utiliza Padre en el Antiguo Testamento para referirse a una relación personal con un individuo.

En cambio solo los evangelios contienen más de 170 referencias a Dios como Padre. Jesús se refiere a su relación exclusiva de unigénito hijo con el Padre. Los creyentes llaman a Dios Padre en la Oración Modelo. Por este motivo, la Trinidad es más evidente en el Nuevo Testamento que en el Antiguo, aunque en este último también aparezcan las tres Personas.

> **La palabra Trinidad no aparece en la Biblia; sin embargo, describe la revelación de Dios que se encuentra en la Biblia.**

Dios es Uno y se ha dado a conocer como tres personas eternas: el Padre, el Hijo y el Espíritu Santo.

El Espíritu Santo se menciona por primera vez en Génesis 1.2: "Y el Espíritu de Dios se movía sobre la faz de las aguas". Referencias al Hijo las hay en todos los textos mesiánicos y en el Nuevo Testamento en los textos en que Jesús aparece como el agente de la creación (véase Juan 1.3). Las tres personas han existido desde la eternidad y estuvieron presentes en el momento de la creación.

Los textos bíblicos clave que mencionan a las tres personas de la Trinidad son Mateo 3.13-17, Romanos 8.9 y Efesios 1.17. Muchos otros textos mencionan dos personas de la Trinidad (Mt. 18.19-20), Jn. 14.16, Hch. 5.3-4, Ro. 9.5, 1 Co. 12.3, 2 Co. 3.17-18, Ef. 1.3. Por lo tanto, los cristianos formularon la doctrina de la Trinidad porque la Biblia lo exige. Tal doctrina permite abordar el hecho de que a las tres personas se les llama Dios y se utilizan de modo intercambiable en diversos textos.

La única doctrina de la Trinidad que resistirá a las pruebas bíblicas es la visión de que Dios es uno y se ha dado a conocer como tres personas eternas. El Padre, el Hijo y el Espíritu son una unidad en una sola persona. La mente humana no puede comprender cabalmente el concepto, y utilizar el término "persona" para designar a cada manifestación de la Trinidad produce confusión. Sin embargo, ningún teólogo a través de la historia cristiana ha podido idear un término adecuado, así que la palabra persona ha sido aceptada como la mejor palabra.

Al referirnos al Padre, al Hijo y al Espíritu Santo como personas, enfatizamos que cada uno de ellos tiene una personalidad y rasgos individuales. Sin embargo, no debemos permitir a nuestra mente concluir que puesto que son personas distintas, no son un solo Dios. Los cristianos somos monoteístas. Aunque la doctrina de la Trinidad escape a nuestra comprensión, la aceptamos como el modo de revelarse de Dios.

Revelación del Padre, el Hijo y el Espíritu Santo

Como se indicó antes, Padre es básicamente un concepto del Nuevo Testamento. Cuando Jesús vino, Dios era percibido como un ser tan ascético y apartado en su santidad que ni aun su nombre podía ser pronunciado. Cuando los hebreos veían el nombre de Dios en el texto, lo leían en silencio. Más adelante, se refieren a Dios simplemente como "el nombre". Jesús, en contraste claro e intencional, enseñó a sus discípulos a orar "Padre nuestro". Esta nueva relación del Padre y el Hijo se convirtió en parte del mensaje evangelístico de los primeros cristianos, tanto que la palabra que Jesús solía emplear, *Abba*, se utilizó aun con los convertidos que hablaban griego (Ro. 8.15, Gá. 4.6). De hecho, Padre no es una traducción precisa; *Abba* es una palabra tan cautivadora y familiar como nuestra palabra *papi*. No tenemos libertad de ser impertinentes en nuestra relación con Dios; no hay lugar para una camaradería que nos permita llamarlo "mi cuate". Pero tenemos la libertad de acercarnos "confiadamente al trono de la gracia" (He. 4.16).

Cuando hablamos de Jesús como el Hijo de Dios, no queremos decir que Dios creó a Jesús. Él siempre ha existido, puesto que es Dios; no hay Dios separado de Jesús, ni Jesús separado de Dios.

El Espíritu es la tercera persona de la trinidad y, como la primera y la segunda, es eterna. Ocasionalmente se le menciona en el Antiguo Testamento, pero al final del mismo comenzó a profetizarse la venida del Espíritu con gran poder. El Espíritu participó en el nacimiento de Jesús y estuvo presente en diversos momentos del ministerio de Jesús. El Día de Pentecostés marcó el cumplimiento de las profecías del Antiguo Testamento sobre la venida del Espíritu Santo en plenitud.

ACTIVIDAD PERSONAL DE APRENDIZAJE 1

Dibuje un diagrama en el que explique su concepto de la Trinidad.

Naturaleza espiritual

La definición de *Dios* dada en los párrafos anteriores incluye una referencia a Él como Espíritu. Jesús dijo: "Dios es espíritu; y los que le adoran, en espíritu y en verdad es necesario que adoren" (Jn. 4.24). La base misma del segundo mandamiento es que Dios no puede ser descrito: "No te harás imagen, ni ninguna semejanza de lo que esté arriba en el cielo, ni abajo en la tierra, ni en las aguas debajo de la tierra" (Éx. 20.4). Los bautistas y la mayoría de los protestantes han insistido en que las "ayudas" para adorar, tales como estatuas o reliquias no ayudan sino limitan el concepto que la persona puede tener de Dios. Él es demasiado grande para ser descrito. La única representación que se ha visto es Jesús, como encarnación de Dios. Un vistazo a las pinturas y estatuas de Dios y Jesús a través de la historia demuestran cómo los pintores describen a Dios o a Jesús en términos de su mente finita: un Dios con una expresión en los ojos que denota enojo y una barba ondeante, un Jesús agotado o más recientemente un Jesús con una mirada al vacío. Tales pinturas y esculturas tienen su lugar en el arte pero no en la adoración. Dios es Espíritu. La majestad de Dios no puede describirse. Está dentro del tiempo y fuera del tiempo, en la creación y más

"Dios es Espíritu; y los que le adoran, en espíritu y en verdad es necesario que adoren".
Juan 4.24

allá de ella, es inmensamente mayor que la historia pero participa en ella.

En el Antiguo Testamento se habla de Dios en términos humanos, una práctica denominada por los eruditos *antropomorfismo*, lo cual significa "en forma de hombre". La Biblia se refiere al dedo de Dios (Éx. 31.18), su mano (Nm. 11.23), su rostro (Nm. 6.25), sus pies (1 Cr. 28.2), sus ojos (2 Cr. 16.9). Estas son formas metafóricas o comparativas de hablar acerca de Dios y no significan que algunas partes de la Biblia enseñen que Él tiene un físico, mientras otras partes enseñan que es espíritu.

Naturaleza personal

El siguiente nombre de nuestra definición es *persona,* una palabra que ya ha sido comentada en relación con la Trinidad, pero una que necesita mayor elaboración en términos de Dios. La Biblia presenta a Dios como persona cuando habla o asume un comportamiento de persona. Él tiene conciencia de sí mismo, ejerce el pensamiento y los sentimientos, y toma decisiones. Es libre, se relaciona con nosotros de una manera personal, y actúa en la historia. Todas estas características son propias de una persona, no de las cosas o de los conceptos místicos. Dios creó a la humanidad a su imagen; por lo tanto, si somos personas, Él debe ser una persona.

La Biblia registra muchos nombres de Dios. El más común del Antiguo Testamento es el término hebreo *Elohim,* que por lo general se traduce Dios; aparece por primera vez en Génesis 1.1. Es una palabra general, similar a nuestra palabra *dios,* la cual utilizamos con minúscula para referirnos a dioses falsos. Esta palabra se utiliza en combinación con otras diversas palabras para describir las características o poderes de Dios: *El Shaddai* significa *Dios Todopoderoso, El Elyon* significa *el más alto Dios, El Olam* significa *Dios Eterno, El Roi* significa *Dios quien me mira.* A *Dios* se le llamó también muchas veces *Señor* en ambos testamentos.

Dios utilizó un nombre distintivo: *Jehová* (también vocalizado como *Yahveh*), que significa *El que Soy,* para revelarse a sí mismo a Moisés, un nombre que nos revela mucho acerca de Dios. El nombre es significativo, especialmente porque fue dado en respuesta a la petición de Moisés. Cuando fue llamado por Dios para guiar al pueblo para que dejara la esclavitud de Egipto, Moisés dijo: "He aquí que llego yo a los hijos de Israel, y les digo: El Dios de vuestros padres me ha enviado a vosotros. Si ellos me preguntaren: ¿Cuál es su nombre?, ¿qué les responderé?" (Éx. 3.13). Dios respondió revelando su nombre personal a Moisés.

Esta palabra también se utiliza en combinación con otras palabras para hacer varias declaraciones acerca de Dios, pero la palabra tiene la misma raíz del verbo hebreo *ser.* Los eruditos han debatido sobre el significado exacto de la forma del nombre que Dios dio a Moisés en Éxodo 3.14: "YO SOY EL QUE SOY". Con el verbo *ser,* Dios estaba declarando que es el Dios que existe y existirá siempre, y que es la fuente de todo lo que existe.

El nombre distintivo que Dios dio de sí mismo a Moisés es Jehová.

ACTIVIDAD PERSONAL DE APRENDIZAJE 2

Relacione los nombres de Dios con el significado correcto:

____ *Elohim*   a. Dios quien me mira

____ *El Shaddai* b. Yo soy

____ *El Elyon*   c. Dios quien existe, fuente de todo lo que existe

____ *El Olam*   d. Dios Todopoderoso

____ *El Roi*   e. Dios eterno

____ *Jehová*   f. El más alto Dios

Naturaleza infinita
La naturaleza infinita de Dios se puede describir con cinco palabras: eterna, inmutable, omnipresente, omnisciente y omnipotente.

Eterno
Dios siempre ha existido. Puesto que los humanos piensan en términos de tiempo, no pueden comprender este concepto. Recordemos que Dios creó el tiempo, así como creó todo lo demás. De algún modo, Él está por encima y más allá del tiempo. Cuando pensamos en la eternidad, Dios se extiende hacia atrás, mucho antes de la creación, en una línea interminable. Él no fue creado; si lo hubiera sido, no sería el Dios eterno. Hacia delante, Dios se extiende más allá del tiempo, tan lejos como Él fue antes del tiempo, en una línea interminable de existencia. Dios nunca dejará de ser. Infinito significa ilimitado, y la existencia de Dios es ilimitada.

Inmutable
Cuando decimos que Dios es inmutable queremos significar que Él *no cambia*. Dios es el mismo ayer, hoy y por siempre (Sal. 102.27; He. 13.8). Este concepto es confuso para algunos cuando consideran textos que indican que Dios "se arrepintió". Por lo menos 13 veces el Antiguo Testamento se describe a Dios como alguien que cambia de opinión (Éx. 32.14; Dt. 9.19; 1 S. 15.11; 2 S. 24.16; 1 R. 21.29; 1 Cr. 21.15; Sal. 106.45; Jer. 18.8, 26.3,19; Am. 7.3,6; Jon. 3.10). Todos estos textos afirman que Dios cambió su curso de acción en respuesta a las actitudes o acciones de la gente. Nunca cambió Dios su dirección, alteró su meta, violó

La naturaleza de Dios es infinita. Entre otras cosas, esto significa que Él es el mismo ayer, hoy y por siempre.

su santidad o gracia, o actuó caprichosamente. Podemos confiar en Dios porque se abstendrá, por ejemplo, de aplicar el juicio prometido, si la gente se arrepiente. La inmutabilidad de Dios garantiza que salvará y castigará el pecado como prometió que lo haría; moverá el mundo hacia el destino que Él planeó desde el inicio. Su naturaleza nunca cambia.

Omnipresente

Esta palabra significa que Dios está en todo lugar en todo tiempo. No hay un tiempo en que su presencia no se haya desplegado a todo lo que existe. El salmista escribió: "¿A dónde me iré de tu Espíritu? ¿Y a dónde huiré de tu presencia? Si subiere a los cielos, allí estás tú; y si en el Seol hiciere mi estrado, he aquí, allí tú estás. Si tomare las alas del alba y habitare en el extremo del mar, aun allí me guiará tu mano, y me asirá tu diestra" (Salmo 139.7-10). Esta verdad acerca de Dios es tanto una advertencia para aquellos que sienten que pueden escaparse de la presencia de Dios como una promesa para aquellos que buscan la ayuda de Dios. Dondequiera que estemos, a cualquier hora, Dios está ahí. Elías increpó a los profetas de Baal diciéndoles que tal vez su dios hubiera ido de viaje; tendrían que esperar a su regreso para que escuchara sus oraciones. No así con el Dios de Elías. Todos los "viajes" que realiza Dios no disminuyen su presencia en todos los demás lugares.

Omnisciente

Significa que Dios todo lo sabe. No hay nada que no sepa. Su discernimiento traspasa el corazón de las personas en todas partes simultáneamente. Conoce en su totalidad el campo del conocimiento científico. Cuando los humanos sienten que han sobrepasado a Dios, que la ciencia ha hecho innecesario a Dios, harían bien en comparar el conocimiento de ellos con el de Dios. Nunca lo aventajarán en conocimiento. Esta maravillosa verdad debería ocasionar que todos los creyentes rindieran su vida a Dios puesto que Él nos conoce mejor de lo que nos conocemos a nosotros mismos. Pablo nos exhorta a probar la voluntad de Dios para nuestra vida; aprobaremos los resultados porque encontraremos que la voluntad de Dios es buena, placentera y perfecta (Ro. 12.2).

Omnipotente

Dios es todopoderoso. Ninguna fuerza, física o espiritual, sustenta más poder que Dios. La Biblia enseña que Dios tiene todo el poder. Cualquier poder ejercido por Satanás o algún gobernante maligno existe solo porque Dios lo permite. Los discípulos de Jesús se pararon en un monte y observaron a Jesús ascender al Padre. Su presencia física los había abandonado. Enfrentaron un mundo hostil, incrédulo, persecutorio, confundido, sediento de poder, en el cual los ejércitos romanos marchaban con armaduras de hierro. Recordaron que Jesús había dicho: "Toda potestad me es dada en el cielo y en la tierra" (Mt. 28.18). Un día la

---

No hay nada que Dios no sepa, nada que no pueda hacer, ni existe ningún lugar donde no esté presente.

trompeta sonará y grandes voces proclamarán en el cielo: "Los reinos del mundo han venido a ser de nuestro Señor y de su Cristo; y él reinará por los siglos de los siglos" (Ap. 11.15). Si quiere estar del lado del poder —el lado ganador— sea un discípulo.

ACTIVIDAD PERSONAL DE APRENDIZAJE 3

La naturaleza infinita de Dios se describe con cinco palabras. Relacione cada palabra con su significado.

____ existe siempre   a. inmutable
____ todo lo puede   b. omnipresente
____ todo lo sabe   c. eterno
____ siempre está presente d. omnipotente
____ siempre es el mismo   e. omnisciente

Perfecta santidad

Nuestra definición se refiere a Dios como Espíritu perfecto. Las dos palabras van juntas, pues Dios no podría ser perfecto si no fuera Espíritu; ser de otra manera sería demasiado limitado. Perfecto e infinito también van juntos, porque de este modo cubren en gran medida la naturaleza de Dios y muchas de sus características. Bajo este título consideraremos algunas de las características de Dios, algunas veces llamadas atributos morales, en torno a cuatro cualidades: santidad, rectitud, verdad y amor.

Cuando hablamos de santidad, por lo general viene a nuestra mente una imagen de austeridad y purificación. Por ejemplo, uno que vive una vida santa es alguien que viste ropas sencillas y no se maquilla; o una cosa santa es algo que se utiliza en el servicio a la iglesia; o una persona santa vive por encima y más allá del llamado del deber. Estas visiones son imágenes superficiales del significado bíblico de *santo*. Algunos teólogos del Antiguo Testamento afirman que el concepto no puede entenderse separado de un estudio de Dios como santo. La palabra *santo* tiene varias acepciones en la Biblia: 1) La naturaleza divina de Dios. 2) Algo apartado para el uso de Dios. 3) Cualidades morales. Con respecto a Dios, su naturaleza misma es una santidad perfecta. La idea de apartar se refiere a los sacerdotes y a la actividad relacionada con el templo y la obra sacerdotal. Santidad en el sentido de las cualidades morales se basa en 1) y en 2), por cuanto las cualidades morales reflejan la naturaleza de Dios y que hemos sido apartados. Levítico repite la advertencia otra vez al pueblo de Dios: "Santos seréis, porque santo soy yo Jehová vuestro Dios" (Lv. 19.2); esto se ordena

Se dice que algo es santo cuando se le aparta para el uso y gloria de Dios.

después de una variedad de instrucciones y mandatos no solo respecto a las prácticas de adoración, sino también en relación con aspectos sociales y pecados personales. Los creyentes han de vivir en formas que reflejen quiénes son. Nuestros pensamientos deben apartase para Dios; nuestras vidas han de ser sacrificios santos; nuestros hechos deben ser sin tacha. La santidad de Dios es perfección moral absoluta, la que se refleja en su confiabilidad, amor, gracia, misericordia, juicio, honor y en su ser mismo.

La justicia es un atributo de Dios que significa que Dios defiende el bien en oposición al mal. Es justo por cuanto cada una de sus acciones es correcta y proporciona las normas para que las sigamos y de este modo seamos justos. Su justicia exige que se castigue al malo no arrepentido y a la injusticia. Pero su justicia también es redentora por cuanto Dios ha provisto una forma de que la gente injusta (lo que nos incluye a todos) sea redimida, sea hecha justa a través de la sangre de Cristo.

Dios es la fuente de la verdad y Él mismo es la Verdad fundamental

Dios es la fuente de verdad y Él mismo es la fuente de verdad fundamental. El atributo de veracidad se refiere al carácter absoluto de inmutabilidad de Dios, pero también refleja el hecho de que la verdad absoluta nos mantiene separados de Dios. El hombre es capaz de descubrir hechos, pero separado de Dios es incapaz de interpretarlos apropiadamente. No importa qué campo de la verdad se discuta —sean las ciencias físicas, la filosofía o la religión—, la verdad se fundamenta en Dios. La verdad nunca contradice a la verdad. Si tenemos problemas con hechos que aparentemente contradicen la verdad de Dios, el problema reside en nosotros y no en la verdad. La mente inquisitiva, dispuesta a creer, reconciliará las contradicciones aparentes a través de la dirección de Dios, y la verdad una vez considerada contradictoria se convertirá en una ventana que permita la entrada de una luz aun más brillante.

Dios es amor. Su amor es el tipo de amor que busca lo mejor para aquellos a quienes creó y lo hace a un gran costo para Él. El libro de Oseas narra la historia del amor del profeta por Gomer, la esposa infiel. Este amor fue tan fuerte y persistente que no la abandonó a pesar de su infidelidad. Esta es una imagen del amor de Dios, incluyendo el amor a los rebeldes e ingratos. La historia del hijo pródigo describe el amor del Padre. Este se goza en la salvación de una persona sin importar cómo esa persona lo haya tratado. La crucifixión de Jesús es la demostración suprema de amor. El amor de Dios encierra misericordia y gracia, sin las cuales los pecadores estarían perdidos.

Creador perfecto

La doctrina de Dios como Creador implica un alcance mucho mayor que el de crear el universo. Implica la obra continua de Dios para sustentar aquello que Él creó, e incluye su interrelación con la creación en tanto la dirige hacia el destino para el cual la creó.

Creador de todo

Una realidad extraña se hace evidente cuando intentamos descubrir a Dios a través del orden creado. Romanos 1 señala que Dios ha revelado lo suficiente de sí mismo a través de la creación, que la humanidad debería poder descubrirlo a través de ella; tan obvio resulta Dios en su creación que la gente no tiene excusa para no conocerlo. Lo extraño, sin embargo, se manifiesta cuando observamos lo que los seres humanos ven cuando intentan descubrir a Dios a través de su creación. En lugar de ver a Dios erigen ídolos o adoran al sol y la luna o celebran el cambio de estaciones con rituales. Aun en el mundo moderno los seres humanos no reconocen a Dios a través del estudio de su creación. Más bien tienden a adorar a la creación y asumen una visión del mundo que niega o neutraliza la participación de Dios. Tampoco estos tienen excusa.

La doctrina de Dios no empieza con la creación y va hacia atrás a la comprensión del Dios que la creó, sino que la comprensión de la creación comienza con la doctrina de Dios. Estudiamos a Dios para aprender más de su creación, en vez de estudiar a la creación para descubrir a Dios. Para estar seguros, la creación debería inspirarnos a alabar a Dios por sus maravillosas obras. Dios como el Creador, sin embargo, nos reta a hacer preguntas tales como: ¿Por qué creó Dios el universo? ¿Por qué creó a los seres humanos a su propia imagen y los creó libres? ¿Qué propósito tiene Dios para su creación? ¿Cómo participa Dios en ello?

Creado de la nada

Los bautistas y otros cristianos debaten sobre cómo creó Dios el universo. Existe la necesidad de creer que Dios lo creó "de la nada" (en latín *ex nihilo*). Si cualquier materia prima existió antes de la creación, entonces habría que considerar la creación de aquella. La verdad que emana de la Biblia es que Dios habló y la creación se produjo, hablar fue todo lo que se necesitó. La creación no habría existido sin la palabra pronunciada por Dios.

Separado de su creación

El panteísmo afirma que Dios existe en todas las cosas: un poco de Dios en cada árbol, cada nube, cada montaña y valle, cada arroyo, cada flor. Pero la Biblia separa a Dios de su orden creado. La creación no es Dios, no es parte de Dios. Dios no necesita a su creación; Él existe independientemente de ella.

Creado con un propósito

¿Por qué, entonces, creó Dios un universo que no necesitaba? En "La creación", el poeta James Weldon Johnson hace hablar a Dios en esta sencilla línea: "Estoy solo", respecto de la creación de los humanos. Esta sencilla afirmación se acerca a la verdad, si no se interpreta como que las necesidades de un Dios solitario solo hubieran podido ser satisfechas

> En el mundo moderno los seres humanos no reconocen a Dios a través de la creación. En cambio, adoran a la creación misma, sustentando una visión del mundo que niega que Dios haya tenido algo que ver en ella.

Dios hizo la creación, la sustenta y usa para sus propósitos.

creando algo que le brindara compañerismo. La razón de Dios para crear está ligada a dos atributos: su amor y su gloria. Un padre no necesita a un hijo, sino las vidas de los padres se enriquecen por la presencia de un hijo amoroso, un hijo que ame porque él o ella han elegido amar. Desde el punto de vista teológico, es correcto afirmar que Dios se enriquece en su creación, aunque no necesita a la creación. Los teólogos protestantes por lo general han insistido en que Dios creó al universo con la finalidad de glorificarse a sí mismo. Este es un elemento esencial de la razón de Dios, pero debe verse a la luz del amor de Dios. Él se glorifica en la medida en que los seres humanos por su propia voluntad lo glorifican y esa glorificación voluntaria culminará en un cielo nuevo y en una tierra nueva. Además, a medida que los humanos glorifiquen a Dios, alcanzarán su felicidad. Su gozo se menciona en la descripción del cielo en Apocalipsis. Comprender esta razón de por qué Dios creó al mundo, debe ser la base de toda teología y toda vida.

Sustenta su creación

Colosenses 1.17 afirma: "Y él es antes de todas las cosas, y todas las cosas en él subsisten". Nehemías 9.6 habla de los actos gloriosos de Dios en la creación y añade: "Y tú vivificas todas estas cosas". Muchos otros textos enfatizan que este mundo no podría continuar existiendo sin el sostenimiento de Dios. Esta verdad presupone otras cuatro verdades: 1) La energía o poder que mueve este universo tiene por fuente a Dios. 2) Dios es activo en su creación. 3) La creación continúa sujeta a Dios. 4) Dios no creó el universo y luego se apartó de su funcionamiento. Dios, el Sustentador, está al mando. Dios estableció este universo para que funcionara de acuerdo con ciertas reglas, que pueden denominarse procesos naturales. El término doctrinal es *concurrencia*; Dios coopera con los procesos naturales que Él mismo estableció. Dos posiciones extremas, incorrectas, atentan contra este concepto: 1) Dios nunca interfiere con las leyes naturales que Él ha establecido; 2) Dios nunca usa las leyes naturales que Él estableció cuando interpone su poder en el mundo físico. Con respecto a la primera, Dios está al mando de su creación, y cuando suspende una ley natural para producir un milagro, lo puede hacer. Ninguna incredulidad en los milagros por parte de los humanos alterará el poder de Dios. Él está al mando de su creación; la creación no ha arrebatado el control a Dios. La segunda posición extrema es absolutamente incorrecta. Dios no carece de seriedad respecto del orden que Él creó, y si las leyes naturales pueden utilizarse para producir un milagro, que Dios las use no niega el milagro. De hecho, en Éxodo 14.21 se afirma que Dios hizo "que el mar se retirase por recio viento oriental".

Dios el Sustentador participa en su creación. Esta lógica es irrefutable para los creyentes: 1) El universo no existiría si Dios no lo hubiera creado; 2) Dios no hubiera creado el universo sin una razón; 3) Dios actuará en el mundo para asegurar que su razón sea llevada a feliz término. La doctrina de la creación exige una mirada detenida en la historia, donde Dios participa en cualquier forma que Él elige. Puede influir en el orden natural. Puede influir en los resultados de batallas, guerras o política. Puede influir en el comportamiento de los individuos. Puede relacionarse con los creyentes de manera especial. Podrían escribirse un gran número de libros sobre este punto. ¿Cómo dirige Dios la historia hacia el destino que Él planeó? ¿Cómo cambia Dios la historia? ¿Bajo qué condiciones altera Dios el flujo natural de los hechos? ¿Cómo obra Dios a través de los no creyentes? ¿Cómo revela Dios su voluntad a los creyentes? ¿Qué tan capaces son los creyentes para seguir su perfecta voluntad? "Dios participa en su creación", esa es una profunda verdad con una amplia gama de aplicaciones.

Dios dirige este mundo hacia un destino planeado. Este concepto, llamado Providencia, remite a la presciencia de Dios y a esos argumentos tajantes y sentimientos hondos que alguna vez figuraron en los debates sobre la predestinación versus el libre albedrío. Dios, antes de la fundación del mundo, planeó el destino del hombre. Él sabe de antemano todo lo que sucederá y toma en cuenta todo eso al actuar en este mundo. Para el cristiano, dos importantes verdades se aclaran en el siguiente concepto: la esperanza cristiana se basa en la absoluta seguridad de que Dios vencerá a toda oposición y dirigirá al mundo a su conclusión planeada; cada creyente tiene un lugar en la obra de Dios para realizar ese gran designio.

Señor soberano

El axioma teológico de E.Y. Mullins es: "El santo y amante Dios tiene el derecho a ser soberano".[1] Ese capítulo trata sobre la manera en que la soberanía de Dios se expresa en su relación con el mundo y los seres humanos. Dios sentó las bases para el sacerdocio de los creyentes.

La soberanía de Dios es otra forma de afirmar que Dios está al mando. Este concepto demanda nuestra atención, sin embargo, porque una conciencia de la soberanía de Dios es crucial para la comprensión apropiada de Dios y la humanidad. La predestinación extrema ha llevado a algunos cristianos a abordar este concepto de manera superficial. Aunque algunos de los primeros bautistas hayan sido calvinistas rígidos, los bautistas del sur han sido demasiado evangélicos como para permitir al calvinismo estricto dominar su teología. Esto debería demostrar que creer en la soberanía de Dios no da por resultado creer en una predestinación extrema. El sacerdocio de los creyentes es un fruto natural de la soberanía de Dios, puesto que Dios no delega su soberanía a ninguna persona u organización; Dios se relaciona directamente con el individuo.

La soberanía de Dios no es objetable si presuponemos que Dios es santo y amante; en efecto, queremos que un Dios así dirija nuestra vida. Queda un problema por resolver: Si Dios es soberano, ¿por qué no hace este mundo como quiere? ¿por qué demorarse? La respuesta reside en el hecho de que Dios creó a la gente como seres libres. Violar esa libertad implicaría pasar por alto la razón por la cual creó a la gente.

Dios dirige el mundo hacia el destino planeado. Llamamos a este concepto Providencia.

"El santo y amante Dios tiene el derecho a ser soberano".

E.Y. Mullins

La soberanía de Dios influye en todas las cosas del universo. Dios es soberano sobre el orden que creó, sobre toda persona, todo poder. Su soberanía es fundamental y absoluta. Todo poder que existe, existe porque Dios lo permite. Él es soberano sobre el creyente y se propone que el creyente reconozca su soberanía mediante una obediencia por amor.

Verdades bíblicas: Jesús

Un escritor romano llamado Plinio oró: "Oh, Dios, ¿no nos mostrarás lo que te propusiste que fuera el mundo? ¿No nos mostrarás qué propósito tenías para nosotros? ¿No nos darías un ejemplo perfecto?" Hebreos 1.1-3 responde a las preguntas de Plinio, diciendo que en el pasado Dios habló de muchas maneras, pero su última palabra fue *Jesús*. Este pasaje dice que Dios designó a Jesús como heredero de todas las cosas. Dice que Jesús hizo el universo. Dice que Jesús es la exacta representación del ser de Dios. Dice que Jesús purifica de pecado, se sienta a la diestra de Dios. Pedro nos dice que este fue el plan de Dios desde el principio: "Ya destinado desde antes de la fundación del mundo, pero manifestado en los postreros tiempos por amor de vosotros" (1 P. 1.20).

Las revelaciones previas de Dios se fragmentaron. Dios habló de muchas maneras, y mediante todas las formas que habló, estaba preparando al mundo para escuchar su palabra final. El pasaje de Hebreos enfatiza que Jesús es la revelación perfecta de Dios.

Hebreos 1.3 revela que Jesús es el resplandor de la gloria de Dios. Es la gloria resplandeciente de Dios. Así como la luz proviene del sol, Jesús esparce el resplandor de Dios. Cuando los eruditos judíos hablaron de la "gloria" radiante de Dios, a menudo utilizaron la palabra *shekinah*. La intensa presencia de Dios estaba en la nube de día y en el fuego de noche y guió a los hebreos por el desierto. Era el brillo que iluminó el rostro de Moisés cuando descendió de la montaña, tan brillante que tuvo que cubrirse con un velo. Pero su máxima presencia se hallaba en el lugar santísimo, en el trono de la misericordia, la cubierta del arca del pacto. La misma gloria (*shekinah*) estuvo presente en la transfiguración de Jesús. Jesús es la presencia intensa de Dios, ese resplandor brillante de la deidad.

Encarnación de Dios

Encarnación en cuanto se refiere a Jesús significa Dios hecho hombre. Aun antes de crear el mundo, Dios había decidido que descendería a la tierra para vivir en el mundo que Él había creado. Vendría como un niño recién nacido, dentro de una familia, y viviría en la pobreza en un hogar sencillo. Viviría en el tiempo en que el pueblo judío estaría bajo el poder del imperio romano. Sería tentado en todos los sentidos en que los humanos pueden ser tentados; no obstante, viviría una vida perfecta, demostrando

La Escritura revela a Jesús como el resplandor de la gloria de Dios. (Véase Hebreos 1.3)

en palabra y hecho cómo la gente debería vivir. Durante tres años, caminaría a través de la pequeña región de Judea y hablaría a todos sobre el amor de Dios. Finalmente, demostraría el amor de Dios al morir en una cruz como suplente de todos aquellos que creyeran en Él. Conquistaría la muerte y el pecado levantándose de los muertos.

Pablo habló de la encarnación cuando escribió: "Haya, pues, en vosotros este sentir que hubo también en Cristo Jesús, el cual siendo en forma de Dios, no estimó el ser igual a Dios como cosa a qué aferrarse, sino que se despojó a sí mismo, tomando forma de siervo, hecho semejante a los hombres" (Fil. 2.5-7). Jesús se limitó a realizar la obra de redención.

Jesús creó el universo. Jesús fue el agente de la creación (Jn. 1.1-3, He. 1.10). No era una nueva expresión de la creación de Dios cuando vino a la tierra en la forma de niño. Era la persona de Dios que creó el universo y todo lo que existe. Jesús es Dios, e hizo de nosotros individuos únicos. Él nos conoce mejor que cualquier persona. Este es un pensamiento reconfortante; Él nos conoce y a pesar de ello nos ama.

Jesús es eterno. El mundo se dirige hacia su inevitable final. Las culturas cambian, las modas pasan, aun la religión sufre modificaciones, pero Jesús no cambia (He. 1.11-12). Los cuatro evangelios revelan a Jesús como aquel que amó a la gente y se compadeció de ella. En la actualidad, Él continúa relacionándose con la gente, mostrándole un interés especial y misericordia. Él es el mismo ayer, hoy y por los siglos (He. 13.8).

Nacido de una virgen

Dos de los cuatro evangelios (Mateo y Lucas) relatan el nacimiento virginal, y lo describen en detalles. Juan lo da por sentado (Jn. 1.14), como también Pablo (Gá. 4.4). Estas citas son suficientes para fundamentar, a los creyentes que aceptan la Biblia como la Palabra inspirada de Dios, la creencia de que Jesús nació de una virgen. Quienes abrazan una teología más liberal cuestionan el nacimiento virginal. Una vez que esta verdad bíblica es negada, el siguiente paso es negar la divinidad de Cristo. Creer en el nacimiento virginal es absolutamente esencial para una cristiandad bíblica. En el momento de recibir la salvación, en muchas ocasiones las personas no saben nada sobre el nacimiento virginal de Jesús. Algunas simplemente no han oído hablar de esto; otras son demasiado jóvenes para saber lo que significa. Sin embargo, cuando la persona ha aceptado la divinidad de Jesús y la Biblia como la autoridad, una negación del nacimiento virginal implica rechazar las enseñanzas bíblicas sobre Jesús. Tal negación puede conducir a una paulatina incredulidad de las otras verdades bíblicas. La Biblia claramente enseña que Dios es el Padre de Jesús, y que fue concebido por el Espíritu Santo (Mt. 1.18). Esta doctrina del nacimiento virginal de Jesús es importante. Afirma que Jesús es el unigénito hijo de Dios.

Una negación del nacimiento virginal de Jesús se opone a lo que la Biblia enseña sobre Jesús.

La suprema revelación de Dios

La primera prueba de una secta falsa es lo que enseña acerca de Jesús. Muchas sustentan a una visión no bíblica de Cristo. Creen que alguna otra revelación invalida la de Jesús. Cualesquiera que sean las afirmaciones que una secta haga sobre su compromiso con Jesús, si no se le da a Él el primer lugar como la revelación final y completa de Dios, su enseñanza es falsa.

Una pregunta clave para las sectas es: ¿Qué cree acerca de Jesús? Cualquier grupo que proclame que se ha dado alguna revelación posterior a Jesús es una secta falsa, pues Dios eligió revelarse a sí mismo conclusiva y completamente en Jesús. Hebreos enfatiza que Jesús es la perfecta revelación de Dios. Pablo escribió: "Porque en él habita corporalmente toda la plenitud de la Deidad" (Col. 2.9).

Jesús dijo: "Yo soy el camino, y la verdad, y la vida; nadie viene al Padre, sino por mí" (Jn. 14.6). Felipe dijo: "Señor muéstranos el Padre, y nos basta" (Jn. 14.8). Jesús respondió: "¿Tanto tiempo hace que estoy con vosotros, y no me has conocido, Felipe? El que me ha visto a mí, ha visto al Padre" (v.9). La enseñanza es clara. Cualquiera que haya visto a Jesús ha visto al Padre. La larga búsqueda de Dios es innecesaria, porque Él está aquí en Cristo Jesús y en ninguna otra parte. Para ver la gloria de Dios, mire a Jesús. Para conocer la santidad de Dios, mire a Jesús. Para experimentar el perdón de Dios, mire a Jesús. Para saber cuánto le importamos a Dios, mire a Jesús. Para entrar al reino de Dios, mire a Jesús. Para estudiar la naturaleza de Dios, mire a Jesús.

Jesús es la perfecta representación de Dios (He. 1.3). Jesús es el retrato de Dios. La palabra griega es *charakter*, la cual dio origen a la palabra latina *character* de cual se deriva la palabra *carácter* en español. Una técnica de comunicación utilizada por los gobernantes del siglo I era grabar en las monedas y las estatuas un mensaje junto con una imagen personal. Si el emperador quería una imagen de generosidad, grababa su imagen en una cara de la moneda y una deidad conocida por su generosidad en la otra cara. Hacía colocar estatuas por todo el imperio que describieran cómo quería que la gente lo conociera. Los lectores de Hebreos estaban familiarizados con las imágenes seleccionadas para comunicar las características del gobernante. Jesús es la imagen expresa de Dios. Jesús comunica perfectamente cómo Dios quiere que le conozcamos a Él.

Una razón por la cual los bautistas no creen en las imágenes es porque ninguna creación humana puede mejorar la imagen de Dios representada por Jesús. Cualquier intento degrada a Dios más que exaltarlo. Las estatuas no son ayudas para adorar; por el contrario, centran la atención en el objeto en lugar de hacerlo en Jesús, quien es la única imagen de Dios que deberíamos estudiar. No encontramos a Dios representado en sus siervos, no importa cuán poderosos sean en el púlpito o por sus habilidades de liderazgo. No encontramos a Dios verdaderamente representado en pinturas o estatuas. Encontramos a Dios solo en Cristo Jesús.

> Jesús es la exacta y perfecta representación de Dios.

Juan 1.1 llama a Jesús "el verbo", Él es la afirmación de Dios, la declaración final y completa que nunca será invalidada. El verbo entraña la idea de acción de participación activa.

Profeta, sacerdote y rey

Jesús vino a la tierra para realizar la obra triple de profeta, sacerdote y rey. Como profeta, Jesús revela y anuncia a Dios a la humanidad. La obra de Jesús como profeta incluía enseñar a sus discípulos que Él es el Camino, la Verdad y la Vida (Jn. 14.6). Sus milagros y parábolas encierran un significado moral. Constantemente Jesús guió a sus discípulos hacia una mayor comprensión del reino de Dios. Como profeta de Dios, habló a sus seguidores sobre el futuro del reino y reveló nuevas verdades a los discípulos después de su muerte y resurrección.

El trabajo sacerdotal de Jesús consistió en ofrecerse en sacrificio y mediar entre Dios y la gente.

Como rey, Jesús es el gobernante de todo. En su primera venida fundó su reino y afirmó su autoridad como el Mesías. Pidió la obediencia, habló con autoridad, hizo milagros, formó la iglesia, estableció sus ordenanzas, murió en la cruz, conquistó la muerte y ascendió a la diestra de Dios. Ahora comisiona a sus seguidores para que prediquen el evangelio al mundo, intercede por su pueblo, está presente en la iglesia para llenarla de poder y regresará para recibir a su pueblo que vivirá y reinará con Él para siempre.

ACTIVIDAD PERSONAL DE APRENDIZAJE 4

En su primera venida Jesús hizo varias cosas. Estas son:

_____

_____

_____

_____

_____

Divino y humano

La identidad de Jesús con Dios ya ha sido examinada. Jesús es Dios y es

La verdad revelada en la Biblia es que Jesús es plenamente humano y plenamente Dios.

hombre; Jesús es Dios-hombre. Como Dios, representa perfectamente a Dios ante nosotros; como hombre, nos representa perfectamente ante Dios. Jesús dijo a sus discípulos: "El que me ha visto a mí, ha visto al Padre" (Jn. 14.9), y declaró: "Yo y el padre uno somos" (Jn. 10.30). Otros textos indican que Jesús se vio a sí mismo en una relación única con el Padre (Mt. 11.25-27, Mr. 12.35-37, 13.32 y 14.61-64). Otros textos del Nuevo Testamento indican el alcance de su poder y autoridad sobre la naturaleza, los demonios, las Escrituras y el perdón de pecados. La Biblia representa la evidencia de los argumentos de Jesús, su milagroso poder y su muerte y resurrección. Al final, aceptamos a Cristo como divino, como Dios, por fe, al tener una experiencia con Cristo en un encuentro con Él y al saber que hemos conocido a Dios.

Jesús era divino y también humano; pero deberíamos usar el tiempo presente: Él es divino y Él es humano. Continúa eternamente como tal, porque no ha perdido su humanidad, la que es tan esencial para la comprensión de nuestra humanidad (He. 4.14-16). Quizá ningún texto describa tan claramente la humanidad de Jesús como en el relato de la tentación en el desierto, en Mateo 4.1-11 (También Mr. 1.12-13, Lc. 4.1-13).

La experiencia ocurrió inmediatamente después del bautismo de Jesús, cuando fue llevado al desierto. La palabra traducida *llevado* significa *"empujado"*; Jesús estaba bajo el liderazgo de Dios en esta experiencia tanto como en la del bautismo. Esta experiencia fue tan crucial para la vida y el ministerio de Jesús que Él mismo debió haberla contado a sus discípulos, pues no estaba nadie más con Él.

El propósito de esa experiencia se enuncia explícitamente: "Para ser tentado por el diablo" (Mt. 4.1). La palabra traducida *tentado* es una forma de la palabra griega *peirazo*. A veces se utiliza en el sentido de tratar, probar, poner a prueba o encontrar qué clase de persona alguien es. A veces se utiliza en el sentido negativo de poner una trampa a alguien (como los fariseos trataron de tenderle una trampa a Jesús en varias ocasiones). Algunas veces la palabra se utiliza en el sentido de incitación a pecar. De hecho, el nombre de Satanás en el versículo 3 es una forma de esta palabra. El texto, entonces, puede enfocarse de dos maneras: 1) Jesús fue probado; 2) Jesús fue incitado a pecar con la probabilidad de que así lo hiciera.

Jesús fue tentado en todo sentido como lo somos nosotros, pero no pecó.

A este texto se le han dado ambos enfoques a través de la historia cristiana. El primero elude algunos problemas difíciles. Por un lado, nos evita abordar el problema de la humanidad y la pregunta capciosa de si Jesús sería capaz de pecar. Hebreos 4.15 asegura que Jesús fue tentado en todo sentido como lo somos nosotros, pero no pecó. Por el otro, Santiago 1.13 afirma: "Cuando alguno es tentado, no diga que es tentado de parte de Dios; porque Dios no puede ser tentado por el mal, ni él tienta a nadie".

Parte de la respuesta es que Dios no tentó a Jesús; Satanás sí lo tentó. Aun así, Jesús "fue llevado por el Espíritu" al desierto con el propósito expreso de ser tentado. Una forma de la misma palabra se utiliza en la

Oración Modelo (*peirasmon*, Mt. 6.13), en la cual se nos instruye orar a Dios para que no nos meta en tentación. La idea de este uso de la palabra es que Dios quiere que crezcamos, y para hacerlo a veces debemos pasar por períodos de tomar decisiones cruciales, tiempos en que determinamos nuestro derrotero o damos un gran salto de fe hacia un nuevo nivel de comprensión o compromiso. Esos son tiempos difíciles y entrañan grandes peligros, porque en ocasiones tenemos alternativas que nos conducirán por caminos equivocados. Deberíamos temer tales tiempos de prueba y orar para ser librados de ellos, pero si algunas alternativas no fueran incorrectas y pecaminosas, la decisión no sería tan importante.

Si Jesús hubiera cedido a la primera tentación, su humanidad se hubiera visto comprometida. En su bautismo, Jesús se identificó con la humanidad; luego Satanás lo tentó para revertir esa decisión.

En los inicios de la historia cristiana algunas ideas heréticas se desarrollaron respecto de la persona y obra de Cristo. Estas ideas, que más tarde serían conocidas como gnosticismo, negaban la encarnación. Estos falsos maestros rechazaron la humanidad de Cristo porque no podían aceptar la idea de que Dios tuviera contacto con la materialización, con la incorporación de todo mal. Esta herejía enseñaba que Cristo asumió solo la apariencia temporal de un hombre. Los partidarios de esa corriente de pensamiento no creían que Jesucristo realmente se hubiera hecho carne. Muchos eruditos creen que los escritos del Nuevo Testamento, especialmente los de Juan, se oponían a esas herejías.

A través de la historia cristiana, los eruditos han tratado de resolver cómo Jesús podía ser ciento por ciento divino y ciento por ciento humano al mismo tiempo. El hecho es que ese concepto no tiene sentido en términos humanos. Esa realidad es parte del misterio de Jesús. La Biblia presenta a Jesús tanto como plenamente divino como plenamente humano, y nuestra forma de explicar el material bíblico es un mero intento humano para comprender lo inexplicable.

De alguna manera, Jesús se despojó de sí mismo cuando vino a la tierra (Fil. 2.6-8). No se despojó de su divinidad, sino más bien de su rango divino para ejercer un ministerio de servicio. Cualquier cosa que haya hecho Jesús para despojarse de sí mismo, el resultado fue que verdaderamente tuvo hambre y se cansó; verdaderamente fue tentado; verdaderamente sufrió y murió.

El Mesías prometido

La palabra Mesías significa *"Ungido"*. En la historia de Israel el ungido era un líder, como David, a quien Dios había elegido. A medida que pasó el tiempo, Dios utilizó el concepto para revelar que un día un líder ideal vendría y liberaría a Israel de sus opresores. Dios empezó a hablar a través de los profetas sobre el Ungido —el Mesías— que vendría. Los profetas utilizaron dos ideas básicas cuando proclamaron la venida del Mesías.

Jesús es el Mesías prometido, el Ungido.

Primero, debía ser un gran rey que guiaría a Israel para convertirse en la nación predominante del mundo. Segundo, sería un Siervo Sufriente.

Los judíos comprendieron y aceptaron el primer grupo de profecías, pero no el segundo. Durante el período intertestamentario (el tiempo entre el Antiguo y el Nuevo Testamento) los escritores de los libros Apócrifos desarrollaron más ampliamente esta idea de un Mesías político, y antes del primer siglo los judíos habían aceptado el concepto político y militar del Mesías. Los pasajes del Siervo Sufriente fueron interpretados para aplicarlos a Israel como nación.

La expectativa de la venida del Mesías flotaba en el ambiente en tiempos de Jesús. La gente fervientemente anticipaba su venida. Cuando Jesús vino y aplicó los pasajes del Siervo Sufriente a sí mismo, estos adquirieron un nuevo significado. Tales pasajes describían al Mesías de modo diferente al que esperaban los judíos. Los líderes religiosos de los días de Jesús se resistían al esfuerzo de Jesús de definir la naturaleza de su mesianismo.

La experiencia de la tentación de Jesús no solo nos informa acerca de su humanidad, sino además nos dice mucho acerca de su mesianismo. Jesús, en este punto crucial, fue llevado por Dios al desierto al inicio de su ministerio con el propósito expreso de afirmar el tipo de Mesías que sería. Se comprometió irrevocablemente a ser el Mesías, Siervo Sufriente.

Jesús fue tentado a convertir las piedras en pan (véase Mt. 4.3-4). Si hubiera utilizado su poder egoístamente para satisfacer sus propias necesidades, se hubiera visto obligado a enfocar su ministerio en satisfacer las necesidades egoístas de los otros. Ceder a esta tentación lo hubiera forzado a convertirse en un Mesías de pan, haciendo de las necesidades físicas la fuerza propulsora básica de su ministerio. Tal mesianismo inspiraría solo compromisos superficiales e invitaría a sus seguidores por los motivos equivocados. La historia ya había probado que el enfoque del pan es erróneo, pues Dios realizó sorprendentes maravillas para libertar a los hebreos de la esclavitud. Los alimentó de una forma milagrosa en el desierto; sin embargo, fueron infieles a Dios tan pronto como los milagros se desvanecieron en su memoria. Lo que Dios dio no era suficiente. Querían porotos, cebollas y melones. Esa es la naturaleza del reino fundamentado en las necesidades egoístas; Jesús no buscaba esa clase de reino.

En la segunda tentación (Mt. 4.5-7) Satanás llevó a Jesús al pináculo del templo. El lugar ha sido identificado por algunos escritores como la esquina suroriental del monte que descolla sobre el valle de Cedrón, pero lo más probable es que fuera el pináculo del Templo que descollaba sobre el atrio. Algunos esperaban que el Mesías se anunciara a sí mismo con un milagro en el atrio del templo, cuando apareciera. ¿Qué mejor manera de iniciar su ministerio si Jesús se hubiera aprovechado de la expectativa y hubiera saltado de un lugar alto, en el mismo atrio del Templo de Dios, y que la gente hubiera visto a los ángeles sostenerlo antes de que su cuerpo cayera sobre la piedra dura?

> **La imagen del Mesías que sería un Siervo Sufriente era diferente a la del que esperaban los judíos.**

El primer año de ministerio de Jesús podría llamarse el año de la oscuridad. No se dan muchos detalles en los evangelios sobre ese año. Lo pasó Jesús principalmente en Judea más que en Galilea, lugar en donde se concentró durante los últimos dos años. ¿Por qué pasaría Jesús un año en la oscuridad cuando hubiera podido lanzar su ministerio con una demostración espectacular? La gente hubiera sabido inmediatamente que Él afirmaba ser el Mesías, y la gente se hubiera conglomerado para escucharlo. ¿Acaso no hubieran querido verlo realizar aún más milagros? Pero una vez más, Jesús vio todas las implicaciones de la tentación. Él se hubiera dado a conocer como un Mesías espectacular, y su mensaje hubiera sido ignorado y se hubiera perdido en el *glamour* de los milagros.

La tercera tentación fue una invitación para que Jesús cayera y adorara a Satanás (Mt. 4.8-9) Satanás atacó a Jesús en el punto mismo de la razón por la cual Jesús vino a la tierra: para que toda la gente lo reconociera como rey. Jesús vino a salvar al mundo. Satanás prometió que podría ofrecérselo en charola de plata. ¿Cómo cree usted que Satanás hubiera podido hacer eso? La jugada hubiera sido maravillosa para Satanás, pues Dios ya no hubiera podido ser Dios. Satanás hubiera sido Dios, en efecto, pues Jesús era la encarnación de Dios, y Satanás se hubiera convertido en su amo.

Alejandro Magno vivió tres siglos antes de Cristo. Su padre, rey de Macedonia, había comenzado la conquista de las ciudades-estado griegas. En 13 años Alejandro había conquistado el mundo desde Grecia hasta las fronteras de la India. Satanás hubiera hecho eso por Jesús. Muchos eruditos ven esta tentación de Jesús como el reto de Satanás para que Jesús se convirtiera en el Mesías militar. Al hacerlo así, Jesús habría llenado las expectativas de los judíos de sus días. Más tarde, inmediatamente después de que Pedro había confesado a Jesús como el Hijo del Dios viviente, Pedro insistió en que Jesús no habría de morir como predijo que moriría (Mt.16.21-23). La respuesta de Jesús nos parece áspera hasta que nos damos cuenta que Pedro, quien hasta ese momento todavía creía que Jesús habría de ser un Mesías militar, estaba repitiendo la tercera tentación. Jesús ya se había enfrentado con ese estilo de mesianismo antes. Después de que Jesús alimentó a los cinco mil, la gente trató de coronarlo rey (Jn. 6.14-15). Habrían aceptado un Mesías militar, especialmente uno que pudiera alimentar milagrosamente en cualquier tiempo que tuvieran hambre. Ser un Mesías militar hubiera negado todo lo que Jesús había enseñado a través de su ministerio sobre el servicio.

Jesús preguntó a sus discípulos: "Y vosotros, ¿quién decís que soy yo?" (Mt. 16.15). Pedro habló por el grupo: "Tú eres el Cristo, el hijo del Dios viviente" (Mt. 16.16) La palabra hebrea *Mesías* se traduce al griego como "Cristo". La respuesta estaba más allá de la comprensión humana; había venido por revelación de Dios. Jesús entonces ordenó a sus discípulos que no dijeran a nadie que Él era el Mesías (Mt. 16.20). Con ello no intentaba mantener su mensaje en secreto; era para prevenir que la gente creyera las

"Tú eres el Cristo, el hijo del Dios viviente"
Mateo 16.16

cosas equivocadas acerca de su mesianismo. La gente creía en un Mesías político, militar. Por esa razón, Jesús rara vez utilizó esa palabra. Prefería el término el *Hijo del Hombre*, una palabra mesiánica de Daniel que pudiera llenar y mostrar el significado que Él deseaba. El mesianismo de Jesús sorprendió a todos, no era el mesianismo que la gente esperaba o preveía. El Señor Jesús era un Mesías redentor, uno que derribó todas las barreras —barreras de raza, cultura, sexo, posición social e idioma— para ser el Salvador de toda la gente en todos los lugares.

Sumo sacerdote

Venir directamente ante la presencia de Dios era una idea nueva para los judíos. El lugar santísimo era un lugar donde solo el sumo sacerdote podía entrar, y entraba ahí solo una vez al año, en el Día de la Expiación, después de que había ofrecido sacrificio por sus pecados y por los del pueblo. El sacrificio quitaba la barrera del pecado entre Dios y su pueblo.

El escritor de Hebreos proclamó que la barrera ya no existía. Hebreos 10.19-22 describe una nueva manera para que la gente pueda acercarse a Dios. En otros tiempos un hombre, pecador, que representaba a la gente pecadora presentaba el sacrificio de un cordero y lo dejaba en el altar en la presencia de Dios. Pero el pecado siempre estaba presente. Nunca había existido un sacerdote perfecto que pudiera traer una ofrenda perfecta; pero Jesús es el Sumo Sacerdote que es perfecto en todo sentido. Por lo tanto, las barreras ya no existen. Gracias al sacrificio de Jesús y a su ministerio sacerdotal, todos en la tierra pueden venir a la presencia de Dios. No existe ya un lugar santísimo, ni un Día de la Expiación, ni sacrificios de sangre. Gracias a Jesús, nuestro perfecto Sacrificio y perfecto Sumo Sacerdote. Ahora podemos venir directamente ante la presencia de Dios.

Cristo Jesús es el puente mediante quien podemos cruzar a la presencia de Dios, y obtener perdón perfecto y perfecta salvación. Los creyentes esperamos la segunda venida del perfecto Salvador para que nos lleve al perfecto cielo que ha preparado para nosotros. Hebreos 7.1-17 se refiere al sacerdocio de Melquisedec. Este era un rey y sacerdote de Jerusalén en tiempos de Abraham. No existe registro de su genealogía o muerte; apareció mucho antes de que el sacerdocio hebreo fuera establecido; y Abraham ofreció sacrificios y pagó diezmos a través de él. Los hebreos utilizaban ese ejemplo para enfatizar el sacerdocio de Jesús. Aunque Melquisedec no tiene registro genealógico, Jesús es eterno. No existe ningún registro de la muerte de Melquisedec, y Jesús se levantó de los muertos y vive por siempre. Melquisedec apareció antes del sacerdocio del Antiguo Testamento, y el sacerdocio de Jesús es más antiguo y superior. Jesús no es un sacerdote conforme al orden levítico (una orden establecida en la historia que comenzó con los humanos), sino un sacerdote de la orden de Melquisedec, sin origen o fin y con un reclamo previo de la bendición de Dios.

> **Jesús es el sumo sacerdote, sin principio ni fin.**

Jesús mismo es la garantía de que el Nuevo Testamento, el nuevo pacto que Dios escribió para su pueblo, es mejor que el antiguo (véase He. 7.22). Se nos recuerda que los sacerdotes humanos mueren, pero Jesús vive por siempre (He. 7.23-24). Jesús ahora está a la diestra de Dios (He. 1.3). Su papel ahí, como Hebreos nos lo dice en diversos textos, no es el de juez sino el de mediador. Su actividad como mediador está reservada no sólo para el juicio al final del tiempo. Intercede ante el Padre por aquellos que creen en Él. Aquellos que son salvos por el derramamiento de su sangre están bajo su cuidado. Hebreos 4.14-16 resume el libro entero de Hebreos. El escritor dice: "Pon tus ojos en Cristo". ¿Cuál es la fe que debemos retener tan confiadamente? Este pasaje enumera cinco elementos. El primero es que tenemos un gran Sumo Sacerdote. *Sumo* es *megan*, como en *megalópolis*, una gran franja expansiva de ciudades. No hay mayor *gran* que *megan*. "Traspasó" (v.14) se refiere a una acción terminada; Jesús ha realizado su obra y es uno con Dios, con quien estará por siempre. La palabra griega en el versículo que se traduce *compadecerse* se refiere a la experiencia más que solo a un acto intelectual. Tenemos un sumo sacerdote que ha experimentado todo lo que sentimos.

John Foster, un diplomático británico, durante la Segunda Guerra Mundial tuvo que ir a China cuando los japoneses irrumpieron en ese país. Un día llegó a casa y miró a su hija adolescente. Yacía inclinada sobre el radio y escuchaba que los tanques japoneses habían invadido Cantón. La hija comenzó a sollozar, luego a llorar abiertamente, su cuerpo sacudido por la desesperación. Foster recordó que muchos hombres y mujeres escucharon la noticia, pero no les impresionó como a ella. ¿Por qué? Porque ella había nacido allí, había vivido allí, y había ido a la escuela allí. Sus nanas, maestras y amigas estaban allí. Ella conocía las calles y las tiendas. Ella entendía más que cualquier otra persona, porque ella había estado allí.[2] Hebreos nos dice que Jesús ha estado con nosotros. Él entiende nuestras aflicciones, nuestros dolores y nuestra forma de vivir.

Señor y Rey

"Jesús es el Señor" es la confesión cristiana más antigua en el Nuevo Testamento. Pablo recordó a los corintios que la prueba principal del compañerismo era el señorío de Cristo (1 Co. 12.3). El título *Señor* se utiliza a través del Nuevo Testamento. Cristo asumió el título de *Señor* para sí mismo en Mateo 7.21-22; 22.41-45. Cuando Tomás vio las cicatrices en las manos del Cristo resucitado, exclamó: "Señor mío, y Dios mío" (Jn. 20.28).

El siguiente gran avivamiento espiritual bien podría desarrollarse alrededor de un estudio doctrinal del señorío de Cristo. El gran avivamiento del siglo XVIII sucedió al rescatar ciertas doctrinas olvidadas de la fe. El siguiente gran avivamiento, ocurrido en tiempos de Charles Finney se centró en la necesidad de un inmediato arrepentimiento y aceptación del perdón ofrecido en la cruz. El siguiente gran avivamiento se

> **El siguiente gran avivamiento espiritual bien podría desarrollarse alrededor de un estudio doctrinal del señorío de Cristo.**

centró en la oración y en el poder de Dios para responder a los ruegos del hombre. Dwight L. Moody, líder del siguiente gran avivamiento, se concentró en el concepto del amor de Dios hacia los pecadores. Cada avivamiento se ha dado como resultado de centrarse en alguna doctrina cristiana descuidada en el pasado. El señorío de Cristo se ha descuidado en esta generación. Estudiar esta doctrina nos dará la oportunidad de permitir al Espíritu Santo que nos hable a través de su Palabra, y de este estudio el Señor podría elegir producir un avivamiento en el mundo.

El Nuevo Testamento constantemente reafirma el señorío de Jesús. Se le llama "el bienaventurado y solo Soberano Rey de reyes, y Señor de señores" (1 Ti. 6.15), Él es "el soberano de los reyes de la tierra" (Ap. 1.5). Pilato preguntó a Jesús: "¿Eres tú el Rey de los judíos?" (Juan 18.33). Jesús respondió: "Mi reino no es de este mundo" (Jn. 18.36). Pilato entonces dijo: "¿Luego, eres tú rey?" (Jn. 18.37). Jesús respondió: "Tú dices que yo soy rey. Yo para esto he nacido..." (Jn. 18.37).

Hebreos 1.2 nos dice que Dios ha designado a Jesús "heredero de todo". Dios ha puesto todo en el universo en las manos de Jesús (Sal. 2.8, Ef. 1.10). La iglesia primitiva creía que Jesús era heredero del reino y de todo el universo. Eso era parte del mensaje que proclamaba.

Cristo es el Señor de todos los ángeles (véase He. 1.4-6). Los judíos pensaban mucho en los ángeles y les atribuían poder. Pero el escritor de Hebreos les recordó que los ángeles no son sino los siervos de Jesús. Son enviados por Él para hacer el trabajo de Dios en este mundo.

Hebreos 1.3 describe a Jesús con el cetro en su mano, ¿pero cuál es la naturaleza de este reino? Después de la resurrección de Jesús sus discípulos preguntaron: "Señor, ¿restaurarás el reino de Israel en este tiempo?" (He. 1.6). El les contestó que su tarea no era "saber los tiempos o las sazones, que el Padre puso en su sola potestad" (He. 1.7). Su tarea era ser testigo en todo el mundo, en casa y en el extranjero, a toda la gente en todo lugar.

Hablando de la ascensión al cielo, Lucas escribió: "Y aconteció que bendiciéndolos, se separó de ellos, y fue llevado arriba al cielo" (Lc. 24.51). Después de la bendición, lo observaron ascender (Hch. 1.9). Era importante que los discípulos observaran a Jesús físicamente en ese acto. Ellos sabían a dónde fue Jesús. El cielo es su hogar, y será el nuestro. El reino tenía que ver con aspectos celestiales, no con poder terrenal y riquezas. Ascender para estar con su padre enfatizaba a los discípulos a través de la historia que Jesús era uno con su Padre, que su proclamación de ser el Rey de reyes y Señor de señores de todo el universo era verdadera, que su obra de redención había sido cumplida, y que Aquel que se despojó a sí mismo regresaba a su gloria.

Cuando Jesús fue recibido en una nube, fue recibido para asumir el trono, para reinar. Una vez más tomó su lugar a la diestra de Dios, su lugar legítimo. Desde ese tiempo hasta ahora, y en el futuro, Cristo en su trono prepara este mundo para presentarlo al Padre. Habremos de cantar

Jesús exaltado ocupa su lugar legítimo: a la diestra del Padre.

¡Aleluya! Él es y será el Rey de reyes y Señor de señores. Lo que Él ahora es será completado al final del tiempo, y en lo que estamos trabajando ahora con Él será terminado a través de su poder y sabiduría (1 Co. 15.24-26).

La obra de Cristo en este mundo se dirige hacia el gran tiempo cuando "en el nombre de Jesús se doble toda rodilla de los que están en los cielos, y en la tierra, y debajo de la tierra; y toda lengua confiese que Jesucristo es el Señor, para gloria de Dios Padre" (Fil. 2.10-11). Él "sustenta todas las cosas con la palabra de su poder" (He. 1.3). Él es el *alfa* y la *omega*, de la A a la Z, el primero, el último y todo lo que hay entre estos. Nunca hubo, ni habrá, un momento en que Dios haya dejado el mundo a la deriva. Él reprendió demonios y la gente fue exorcizada; sanó y perdonó a la gente; y la higuera dio fruto. Jesús siempre se ha comprometido en hacer funcionar este universo (Col. 1.16-17). La referencia a los tronos, poderes, gobernantes y autoridades indica la actividad continua de Jesús en los asuntos de este mundo. Su mismo poder mueve a la gente y a las naciones hoy. Jesús habla y esto sucede.

Verdades bíblicas: el Santo Espíritu

Jesús hizo una formidable promesa a sus seguidores antes de que muriera en la cruz: "Y yo rogaré al Padre, y os dará otro consolador, para que esté con vosotros para siempre: el Espíritu de verdad, al cual el mundo no puede recibir, porque no lo ve, ni le conoce; pero vosotros le conocéis, porque mora con vosotros, y estará en vosotros" (Jn 14.16-17).

La doctrina del Espíritu Santo es importante. Siempre ha sido parte de la enseñanza cristiana. Examinaremos esta doctrina y descubriremos la gran riqueza puesta a nuestra disposición a través del Espíritu.

La persona del Espíritu Santo

El Espíritu Santo es una persona, no una cosa. Esta afirmación se refuerza por el hecho de que se le cita con el pronombre Él, y se habla de Él en términos de personalidad, en un gran número de ocasiones en el Nuevo Testamento. El Espíritu Santo se identifica en el Nuevo Testamento como el Espíritu de Cristo. Las referencias en los escritos de Pablo revelan que Pablo utilizaba intercambiablemente términos sobre Jesús y el Espíritu: "Porque el Señor es el Espíritu; y donde está el Espíritu del Señor, allí hay libertad" (2 Co. 3.17); "...por cuanto sois hijos, Dios envió a vuestros corazones el Espíritu de su Hijo" (Gál. 4.6). Pero aunque la relación entre Cristo y el Espíritu es patente, Cristo y el Espíritu no son idénticos. El Espíritu es una persona distinta. W. H. Griffith Thomas escribió: "Cristo y el Espíritu son diferentes y sin embargo el mismo; el mismo y sin embargo diferentes. Quizá lo mejor que podemos decir es que si bien sus personalidades nunca son idénticas, su presencia siempre lo es".[3]

El Espíritu Santo es una persona, no meramente una influencia poderosa.

El Espíritu Santo glorifica a Cristo. Jesús concebía claramente la obra del Espíritu: "Pero cuando venga el Consolador[...] él dará testimonio acerca de mí" (Jn. 15.26); "No hablará por su propia cuenta, sino que hablará todo lo que oyere[...]él me glorificará" (Jn. 16.13-14). Esto explica por qué sabemos mucho más acerca de la persona de Jesús que acerca de la persona del Espíritu Santo.

El centro de nuestras oraciones y adoración son el Padre y el Hijo. El Espíritu Santo nos ayuda a orar, adorar y glorificar a Jesús. Debemos tener precaución, sin embargo, de no pensar en el Espíritu simplemente como un Jesús en forma de espíritu.

La obra del Espíritu Santo

¿Cuál es la obra del Espíritu Santo? ¿Qué ha hecho y hace en la vida de la iglesia y en la de los individuos? La respuesta es multifacética. Examinaremos algunas de estas facetas de la verdad sobre el Espíritu.

Inspiró a los autores bíblicos

La Biblia es la Palabra inspirada por Dios. La Biblia fue escrita por hombres de muchos quehaceres distintos: reyes, pescadores, cobradores de impuestos y eruditos se encuentran entre los muchos que escribieron partes de la Biblia. Los libros de la Biblia fueron escritos en el transcurso de varios siglos. La Biblia contiene diversos géneros literarios. Sí, la Biblia fue escrita por hombres. Sin embargo, esta no es la historia completa. El Espíritu Santo inspiraba a los escritores conforme ellos escribieron las Escrituras. Su contenido es autorizado y confiable. El Espíritu Santo también nos inspira e ilumina conforme estudiamos la Biblia.

Guía hacia la salvación

El Espíritu convence de pecado, justicia y juicio (Jn 16.8-11). Su obra es conducir a las personas al convencimiento de su pecado, de su necesidad de Cristo como su única esperanza, y del juicio si no se arrepienten. La obra de convencimiento del Espíritu Santo es esencial para la salvación; nadie es hecho salvo sin la obra del Espíritu.

Mora en el creyente

Que el Espíritu Santo more en el creyente no es una experiencia separada de la salvación; en el momento de la conversión, el creyente es lleno del Espíritu (Ro. 8.9, 1 Co. 12.3). Jesús dijo: "Mora con vosotros, y estará en vosotros" (Jn 14.17). Esta promesa asegura que nunca estaremos sin la presencia y el poder de Dios. Jesús prometió en Jn. 14.18 que la residencia del Espíritu en el creyente le daría poder y dirección para la vida, guía para desarrollarse como discípulo de Cristo y le capacitaría para llevar una vida semejante a la de Él.

Jesús dijo acerca del Espíritu Santo: "Mora con vosotros, y estará en vosotros"
Juan 14.17

ACTIVIDAD PERSONAL DE APRENDIZAJE 5

Enumere tres cosas que el Espíritu Santo que mora en nosotros realiza:

_____

_____

_____

Guía a la iglesia

El libro de Hechos podría llamarse "Hechos del Espíritu Santo", más que "Hechos de los Apóstoles". A medida que leemos Hechos nos asombra la dirección que el Espíritu dio a la iglesia primitiva. El Espíritu Santo es un administrador. Si estamos abiertos a su guía y poder, Él nos revela los dones y ministerios que se necesitan, los campos de servicio en los que podemos participar, y las formas de desarrollar nuestros dones y ministerios para prepararnos a incursionar en esos campos. En Hechos 16 el Espíritu prohibió a Pablo que fuera a Bitinia. En vez de eso lo guió mediante una visión a ir a Macedonia. Haciendo un análisis retrospectivo, Pablo debe haber reconocido la mano de Dios. Su trayectoria finalmente lo guió a Roma, donde proclamó el evangelio como prisionero y escribió muchas de sus cartas. Dios sabe lo que está haciendo; solo necesitamos seguirlo.

Actúa como nuestro Consolador

La Biblia habla del Espíritu Santo como nuestro consolador (Jn. 14.16, 26). La palabra griega *paraclete*, que se traduce *consolador*, a veces se utiliza para abogado. Significa alguien que camina junto a uno. El Espíritu Santo está con el creyente siempre. Ayuda a nuestro espíritu afligido, nos ayuda en tiempos de dificultad, nos guía y dirige al tomar nuestras decisiones diarias, tanto las importantes como las pequeñas. El hermano Payne, el pastor de una misión en Odessa, Texas, a menudo oraba: "Señor, sosténme por mi lado flaco". ¡Qué bella descripción de la palabra *paraclete*! Herschel H. Hobbs señala que Jesús es nuestro abogado ante Dios, mientras el Espíritu Santo es el abogado de Dios con nosotros.[4]

Nos da fortaleza

El creyente no tiene que realizar el trabajo de Cristo por sus propias

Haremos el trabajo de Cristo con el poder dado por el Espíritu Santo.

fuerzas. El Espíritu Santo le da el poder para la vida cristiana y el servicio. Algunos cristianos tardan en descubrir el poder del Espíritu. Habiendo vivido y trabajado por sus propias fuerzas hasta el punto de la frustración y el agotamiento, finalmente descubren el enorme poder que viene aparejado con la salvación y conduce a una nueva manera de vivir.

Los primeros cristianos se emocionaban tanto respecto de su fe que, en una ocasión, la gente pensó que estaban borrachos (Hch. 2.13). El regocijo es una experiencia maravillosa, pero puede indicar o no la llenura del Espíritu. La verdadera prueba del poder del Espíritu radica en una vida con poder, gozo y entrega a Dios.

El Espíritu Santo nos ayuda a comunicarnos con Dios. Nos guía en oración, y aun cuando no sabemos qué decir debido a nuestro pensamiento y emociones confusos, Él comunica nuestros sentimientos más profundos (Ro. 8.26-27).

Enseña al pueblo de Dios

El Espíritu Santo no enseña acerca de sí mismo sino de Cristo (1 Co. 12.3). El Espíritu es nuestro maestro para aprender más de Cristo, la naturaleza de su ministerio y sus planes para el mundo. Mientras más aprendemos de Cristo, más vemos el mundo a través de sus ojos y nos comprometemos con su obra.

El Espíritu nos enseña, también acerca de cómo vivir como Cristo. Este maestro es positivo. No podemos vivir vidas semejantes a las de Cristo a menos que aprendamos acerca de la actitud de Cristo hacia el pecado y su efecto en la gente. A veces el Espíritu nos guía a oponernos a los pecados públicamente y a buscar leyes efectivas que los sancionen, como en los casos del juego con apuestas, el alcohol y el aborto. Siempre nos lleva a abordar el problema del pecado planteando una manera mejor de actuar. El Espíritu Santo revela a cada uno de nosotros los dones que nos ha dado y cómo ministrarlos. Todo creyente ha recibido dones y es un ministro, aunque muchos no entiendan que esto es así.

Nos proporciona seguridad

Una de las bendiciones que Cristo nos dio es el conocimiento de que Cristo nos mantendrá seguros en la salvación (2 Co. 1.22, 5.5; Ef. 1.14). Aunque los cristianos a veces dudan con respecto a su salvación, la duda no es del todo mala, pues cuando invade la mente y el corazón nos obliga a emprender el ejercicio de resolverla. El Espíritu constantemente confirma nuestra salvación para que podamos vivir victoriosamente.

Vida del creyente en el Espíritu

El creyente está unido con Cristo y el Espíritu Santo es el agente que actúa en esa unión. Muchos cristianos no están conscientes de todo lo que tienen en Cristo. Imagine por un momento que una mujer vivía en una cabaña

A todo cristiano se le ha dado el don del Espíritu Santo.

sencilla, nada extraordinaria pero confortable. Luego descubrió que la propiedad sobre la cual la cabaña había sido construida era rica en oro, y el oro había estado siempre allí, justo debajo de la superficie de la tierra. La dueña de la cabaña fue rica todos esos años que ella vivió allí; simplemente no lo sabía. Se nos ha dado el Espíritu de Dios. Somos ricos, pero muchos no se dan cuenta de esa riqueza.

Dado a todo creyente
Todo creyente recibe el Espíritu Santo en el momento de la conversión (Jn. 14.16-17, 1 Co. 3.16, 6.19, 1 Jn 2.27). Sin embargo, muchos creyentes viven sin estar conscientes de la presencia del Espíritu. Cuando más tarde descubren su poder en sus vidas, se preguntan por qué nunca antes habían escuchado esa enseñanza.

Da la victoria diaria
En Romanos 7 Pablo expuso un problema constante para los creyentes: la relación del creyente con la ley del Antiguo Testamento (vv.1-13). Los mandamientos de Dios sirven para identificar el pecado y convencer de pecado. En Cristo hemos sido liberados del control de nuestra naturaleza pecaminosa. A través de Cristo podemos vivir vidas de servicio productivo (véase vv. 4-6).

Pablo confesó su propia lucha y conflicto (vv. 14-25). Aunque él sabía qué era lo correcto hacer, a menudo hizo lo contrario (véase vv.15,18,19). Pablo declaró: "Y si hago lo que no quiero, ya no lo hago yo, sino el pecado que mora en mí" (v. 20). Pablo no estaba tratando de negar su responsabilidad por sus acciones, sino reconocía la lucha que todos enfrentamos, una lucha que existirá mientras existamos en este mundo. Su frustración es evidente cuando exclama: "¡Miserable de mí! ¿quién me librará de este cuerpo de muerte?" (Ro. 7.24). Luego respondió a su propia pregunta; "Gracias doy a Dios, por Jesucristo nuestro Señor. Así que, yo mismo con la mente sirvo a la ley de Dios, mas con la carne a la ley del pecado" (Ro. 7.25).

Romanos 8 habla de la libertad del poder del pecado provista por Cristo. La ley del Antiguo Testamento, insistió Pablo, no podía dar esa libertad, porque la naturaleza pecaminosa impide guardar la ley (vv.3-8). No podemos resistir al pecado intentando seguir una lista de lo que se debe hacer y lo que no se debe hacer. A quienes persiguen vivir estrictamente lo legal, aun les falta descubrir que solo Cristo puede liberarnos de la ley del pecado y de la muerte (v.1-2). Él hace esto por nosotros a través del Espíritu Santo que mora en nosotros y que puede vivir a través de nosotros (vv. 9.11). En el resto de los versículos de Romanos 8, Pablo describió la libertad que tenemos en Cristo. Tenemos una nueva relación que se refleja en el privilegio que Cristo nos dio de llamar a Dios "Abba, padre" (vv. 14-17). Podemos experimentar la victoria aun cuando estemos sufriendo,

> **El Espíritu Santo está con nosotros, Él nos ayuda en nuestras debilidades, nos ayuda a orar, intercede por nosotros, y nos da fortaleza para permanecer fieles a Cristo.**

pues sabemos que Dios está trabajando en una nueva creación de la cual tendremos parte (vv. 18-25). El Espíritu Santo está constantemente con nosotros. Nos ayuda en nuestras debilidades, nos ayuda a orar, intercede por nosotros, y nos da fortaleza para permanecer fieles a la salvación que Cristo nos ha dado (vv.26-39). Estos pasajes nos exhortan a vivir en el Espíritu. Es ahí donde descubriremos la libertad.

Habilita para el Discipulado

La vida en el poder del Espíritu es una vida de discipulado. El discipulado no es opcional para el cristiano; es parte de la experiencia de la salvación. Un discípulo es un alumno, un seguidor, que aspira a ser como su Maestro. Podemos ser discípulos efectivos solo a través del liderazgo y el poder del Espíritu Santo.

Varios ingredientes específicos son esenciales para vivir como discípulo. Estos son posibles gracias a la obra del Espíritu Santo. El primer ingrediente esencial es la oración. Jesús nos enseñó a acercarnos a Dios como a un padre amoroso (Lc. 11.2). Jesús es nuestro mediador. Nos acercamos a Dios a través de los méritos de Jesús. Él intercede por nosotros a la diestra del Padre (1 Ti. 2.5, He. 1.3, 7.25). Pero además el creyente no solo tiene un Padre a quien orar y un Salvador que intercede por él, sino también tiene la presencia interna del Espíritu Santo para que lo ayude en la oración (Ro. 8.26-27).

Hebreos 4.16 es un versículo notable acerca del privilegio de la oración: "Acerquémonos, pues, confiadamente al trono de la gracia". Se nos invita a esperar *con firmeza* y *seguridad, con apertura* y *sin temor*. Se nos invita a acercarnos al trono de la gracia, el trono donde Jesús es Rey de reyes y Señor de señores, el lugar donde ha juzgado y perdonado nuestros pecados. Jesús dijo que todo aquel que cree en Él "tiene vida eterna; y no vendrá a condenación, mas ha pasado de muerte a vida" (Jn 5.24). La sala del trono de Jesús no es un lugar de juicio sino un lugar de perdón. No entramos a la sala del trono como pecadores condenados sino como hermanos redimidos.

En Hebreos 10.22 se nos recuerda que no hay razón para tener miedo de Dios: "Acerquémonos con corazón sincero, en plena certidumbre de fe". Sin embargo, no debemos ir ante su presencia descuidadamente. Por su sacrificio, somos parte de la familia de Dios y Él nos trata como sus hijos amados. Aquellos que oran a menudo descubren que entre más oran, más fácil es hablar con Dios. Podemos recurrir a Él en cualquier necesidad; Él está ahí cuando buscamos fortaleza, conocimiento o dirección. El Espíritu Santo nos guía en el privilegio invaluable de la oración.

El Espíritu Santo nos guía a obedecer. Muchos textos del Nuevo Testamento tratan sobre la obediencia y los resultados de una vida que insiste en una libertad separándonos de Cristo. No existe libertad separados de Cristo, y aquellos que la buscan descubren que están

"Acerquémonos con corazón sincero, en plena certidumbre de fe". Hebreos 10.22

condenados a una esclavitud, y de hecho se han alejado de la libertad que han buscado. La mayor libertad se da cuando elegimos hacer lo que Dios desea.

Hebreos 12.12-29 describe los peligros de no ser obedientes a Cristo. Describe los peligros de ser negligentes e indisciplinados, indiferentes en la vida espiritual, inconstantes, inmaduros, todo lo cual es lo opuesto a la obediencia. Jesús fue obediente hasta la muerte, y nosotros debemos dar el mismo tipo de obediencia a su palabra (Jn. 8.31-32). La voluntad de Jesús debe tomarse y honrarse como la ley de la vida cristiana. La pregunta surge: ¿Cómo sabremos lo que Él quiere que hagamos para que podamos obedecerlo? Una respuesta es que la Biblia nos instruye. El Espíritu Santo inspiró la escritura de la Biblia y como resultado ella nos da directrices para vivir con éxito (2 Ti. 3.16). Una segunda respuesta a la pregunta de cómo podemos conocer la voluntad de Dios es que somos guiados hacia la verdad por el Espíritu Santo (Jn 14.26). El Espíritu toma las enseñanzas de la Escritura y las circunstancias de la vida y las conjuga. Podemos encontrar dirección interna para comprender lo que Dios quiere para nosotros en cada situación. También encontramos la fortaleza interna para obedecer a Dios a través del Espíritu.

Da dones espirituales

El Espíritu Santo nos guía a descubrir nuestros dones espirituales. La verdad de que a cada creyente se le han dado dones es una enseñanza importante del Nuevo Testamento. Tres capítulos del Nuevo testamento enumeran los dones: Romanos 12, 1 Corintios 12 y Efesios 4. Estas listas se superponen y no representan todos los dones que el Espíritu da y usa, pero un estudio de ellos demuestra la diversidad y la necesidad de todos los dones de Dios.

¿Cuál es el propósito de los dones espirituales? La respuesta más clara a esa pregunta se encuentra en 1 Corintios 12. Al escribir a los corintios, Pablo, quien se gloriaba de sus dones, aclaró que los dones son dados para el servicio y el ministerio (1 Co. 12.4-6). También encierran el propósito de beneficiar y edificar a la iglesia, el cuerpo de Cristo (1 Co. 12.7). Las Escrituras ni siquiera sugieren que los dones espirituales sean dados para el placer personal o para alardear.

A cada creyente se le da un don espiritual (1 Co. 12.7). Algunos creyentes son bendecidos con múltiples dones. Estos dones son del Espíritu Santo. Él es su fuente y Él los da de acuerdo con su plan (1 Co. 12.11). Solo el Espíritu puede revelar nuestro don o dones y habilitarnos para usarlos para la gloria de Dios y el bien de la iglesia.

No hemos recibido los dones espirituales para nuestro placer personal, sino para servir a Cristo en su iglesia.

CAPÍTULO 3

LA SALVACIÓN DE DIOS

La Biblia revela la verdad acerca de Dios y los humanos, pero hay un tema común que fluye como un río vigoroso a través de las Escrituras: el propósito redentor mediante Cristo Jesús. Examinaremos esta verdad fundamental. Nuestro estudio nos recordará la condición humana de perdición, la obra expiatoria de Jesús y el don maravilloso de la salvación.

La creación de la humanidad y la caída

En el pasado, la creencia de que los humanos eran la corona y ápice de la creación no era difícil de creer. En cambio ahora los descubrimientos científicos suscitan una conciencia mucho más amplia de la inmensidad del universo y reducen la imagen que la humanidad tiene de sí misma. Hoy, muchos afirman que creer que los humanos son la corona y ápice de la creación o el centro del universo constituye una actitud arrogante e ingenua. Sin embargo, la Biblia tiene varios hechos importantes que enseñarnos sobre el lugar de los seres humanos en el plan de Dios.

Meta de la creación

En el estudio previo sobre la doctrina de Dios, no estudiamos la creación para de ella extraer nuestro concepto de Dios. Dios se revela a sí mismo. Por nuestra naturaleza somos incapaces de conocer a Dios, a menos que Él se revele a sí mismo. Por lo tanto, nuestra visión de Dios, su mundo y propósito y la naturaleza de la humanidad no debería moldear la imagen que tenemos de nosotros mismos —la cual cambia con nuestros descubrimientos y éxitos y fracasos— sino mediante la revelación.

La visión bíblica de los humanos es que son la corona y meta de Dios en la creación. En vez de volvernos orgullosos, ese hecho debería hacernos humildes y motivarnos a adorar a Dios con gratitud. Cuando miramos hacia el infinito, la sensación que experimentamos de lo imponente nos debería hacer elevar una alabanza con gratitud a Dios porque creó todo para nosotros. El tema de la vida en otros planetas u otra incertidumbre no deberían afectar nuestra fe. Cualquier cosa que exista además de nosotros y de este mundo no cambia la naturaleza de Dios, ni la verdad que Dios nos ha dado respecto de nosotros mismos, ni el camino de la salvación.

"Entonces dijo Dios: Hagamos al hombre a nuestra imagen, conforme a nuestra semejanza; y señoree en los peces del mar, en las aves de los cielos, en las bestias, en toda la tierra, y en todo animal que se arrastra sobre la tierra".
Génesis 1.26

A la imagen de Dios

Cuando Dios se compara a los humanos o los humanos se comparan con Dios, descubrimos que los humanos y Dios poseen muchas características en común. Esto es cierto aunque Dios es infinito y los humanos finitos. Dios es espíritu (Jn. 4.24). Los humanos son a la vez cuerpo y espíritu (Gé. 2.7). A pesar de estas diferencias, los humanos tienen rasgos de personalidad comunes con los del Creador.

Hombres y mujeres fueron creados a la imagen de Dios. La interpretación medieval de que Dios creó al hombre a su imagen, luego creó a la mujer a imagen del hombre, no resistirá el escrutinio bíblico. Génesis 1.27 dice: "Y creó Dios al hombre a su imagen, a imagen de Dios lo creó; varón y hembra los creó". La palabra *adam* que se traduce *hombre*, significa *humanidad, incluyendo a ambos sexos*. Este texto, interpretado apropiadamente, dice que Dios creó a la humanidad a su propia imagen y que el hombre y la mujer reflejan la imagen de Dios.

Haber sido creados a la imagen de Dios y haber recibido el precioso don de ser personas significa que nos parecemos, en muchos aspectos, a Dios. Los humanos tienen inteligencia y pueden pensar abstractamente, cualidades que el mundo animal posee solo en forma rudimentaria. Tenemos la capacidad de tener conciencia de nosotros mismos, de razonar en torno a las personas y a las ideas. Tenemos la habilidad de ser racionales en nuestros compromisos, en tanto que los animales solo presentan un afecto instintivo. El amor racional nos permite elegir expresar nuestro amor a pesar de las circunstancias o las reacciones. Tenemos libre albedrío, el derecho de elegir de una amplia gama de opciones, y el derecho a estar en lo correcto o equivocarnos. También tenemos un sentido moral, una conciencia. Esta característica no es una fuente absolutamente confiable de la ética y la acción, pero es una característica exclusiva de los humanos.

> Haber sido creados a la imagen de Dios significa que nos parecemos, en muchos aspectos, a Dios.

ACTIVIDAD PERSONAL DE APRENDIZAJE 1

¿De qué manera haber sido creados a la imagen de Dios refleja nuestra semejanza a Él? Para usted, ¿qué significa haber sido creado a la imagen de Dios?

_____

_____

_____

Los cimientos de nuestra fe

Cualquier creencia que ponga a una raza por encima de otra, entra en conflicto directo con las enseñanzas de las Escrituras. Todas las personas fueron creadas a la imagen de Dios; por lo tanto, todas las personas están emparentadas entre sí.

Una unidad

La combinación única de lo físico y lo espiritual en los humanos no produce una dicotomía o una tricotomía; una persona es un ser unitario, constituido de cuerpo y alma —o cuerpo, alma y espíritu—, no un alma que reside en un cuerpo (dicotomía). La visión griega, que todavía se deja entrever en algunas ocasiones, es que el alma es independiente del cuerpo; es decir, el cuerpo es simplemente una casa donde reside el alma. Por lo tanto, el cuerpo puede actuar como guste, puesto que no tiene efecto en el alma. Esta visión se originó en la antigua Grecia. Algunos filósofos griegos exaltaban el alma y la razón; enseñaban que el cuerpo es material y por lo tanto malo. Si el cuerpo es malo se espera que actúe con maldad; el alma está por encima del cuerpo y la primera no influye el segundo.

Esta visión influyó en el gnosticismo, contra el cual varios de los autores del Nuevo Testamento dieron sus argumentos. Quizá influyó también en el movimiento monástico, que alentaba a escapar del mundo y sujetar el cuerpo a diversos tipos de prácticas ascéticas para controlar al cuerpo.

Poca gente negaría que el cuerpo de una persona tiene una enorme influencia para moldear lo que uno piensa de sí mismo, especialmente en relación con otras personas. Una persona que físicamente es pequeña debe aprender formas de compensar la falta de fuerza en comparación con una persona alta, musculosa. Un hombre atractivo o una mujer guapa por lo general desarrollan habilidades sociales que son muy diferentes a las de aquellas personas que no son atractivas. Podría argumentarse que en un mundo perfecto este no sería el caso, pero el hecho es que el cuerpo y la mente no pueden separarse, de igual modo, el alma no puede separarse del cuerpo. Aunque el cuerpo terrenal será desechado, Pablo señala que se nos darán cuerpos celestiales (1 Co. 15.35-44).

Relación entre todos los seres humanos

Una conclusión del relato de la creación en Génesis es que toda la gente de la tierra desciende de padres comunes, que fueron creados a la imagen de Dios. Cualquier creencia que ponga a una raza por encima de otra entra en conflicto con las enseñanzas de las Escrituras. Todas las personas fueron creadas a la imagen de Dios; por lo tanto, todas están emparentadas entre sí. Las implicaciones son enormes para la evangelización, los esfuerzos de auxilio, y la lucha por la paz entre los humanos.

Dotados con potencial

Las personas tienen un potencial colectivo. Cuando Dios creó a la humanidad, ordenó al hombre y a la mujer llenar la tierra, sojuzgarla y gobernar a todas las criaturas (véase Génesis 1.28). El progreso humano es el proceso de llevar a cabo ese mandato. Los cristianos en ocasiones han sido acusados de utilizar ese texto como justificación para abusar de los recursos de la tierra. Esta es una acusación falsa. Los cristianos están conscientes de que sojuzgar la tierra significa dominar la tierra y usarla como buenos mayordomos para el bien de todos. Aquellos que creen que el orden creado pertenece a Dios y debe tratarse con respeto, cumplirán mejor los ideales ecológicos.

Las personas también tienen un potencial individual. En *Revelation and God* (Revelación y Dios), Walter Thomas Conner dice: "La encarnación muestra la capacidad que el hombre tiene para acercarse a Dios".[1] Jesús mostró cómo Dios quiere que la vida se viva, Algunas veces la palabra *perfecto* como se utiliza en la Biblia significa *completo* o *maduro*, pero no debemos permitirnos pasar por alto el hecho de que Dios nos hace responsables de una forma de vida perfecta; el hecho de que la presencia de la naturaleza pecaminosa (véase Ro. 7) nos impida ser perfectos no disminuye ese requisito. La demanda de la perfección está implícita en un gran número de textos, como en la repetición frecuente de "Santos seréis, porque santo soy yo Jehová vuestro Dios" (Lv. 19.2), y se hace explícito en el mandamiento: "Sed, pues, vosotros perfectos, como vuestro Padre que está en los cielos es perfecto" (Mateo 5.48). Esto no significa: "Sed maduros como vuestro Padre celestial es maduro". La meta de la perfección es inalcanzable (los bautistas no creemos en la perfección sin pecado); sin embargo, ese es el objetivo por el que debemos luchar como seguidores de Cristo.

La vida de Jesús constituye el modelo de esa lucha; el Espíritu Santo da el poder y guía. El potencial de una persona es enorme. Durante siglos los cristianos han creído que las personas son pecaminosas por naturaleza y propensas a pecar cuando la oportunidad surge; en décadas recientes han sido acusados de tener una visión muy baja de la naturaleza humana. La acusación es al mismo tiempo verdadera y falsa. Los cristianos en efecto tienen una visión muy baja del potencial de las personas que rechazan a Cristo, y la historia —incluso la historia reciente— demuestra la verdad de esa conclusión. Pero nadie tiene una visión más alta de las personas que los cristianos, quienes tienen un concepto muy elevado de aquellos que reciben a Cristo. Aun las religiones que sustentan la divinidad o casi divinidad de sus seguidores no tienen una esperanza tan grande respecto de los redimidos como se tiene en el Nuevo Testamento. Ninguna religión enfatiza el formidable potencial de la vida en este lado de la muerte como lo hace el cristianismo. La promesa de la vida es que Dios guiará a toda persona que así lo desee a alcanzar el potencial más alto en cada área de la vida: relaciones interpersonales, moralidad, juicio, sabiduría, habilidades, contribución a la sociedad, realización y gozo de la vida.

Dios ha creado a los seres humanos para que nazcan de nuevo. Transcurren nueve meses para preparar el nacimiento físico. ¡Qué tragedia cuando el alumbramiento no ocurre! Cuando los humanos viven su vida humana y no experimentan el nuevo nacimiento, nunca se convierten en aquello para lo que Dios los creó. Los humanos nacen para nacer de nuevo.

Muchas cosas que el mundo considera dignas de alabanza se realizan

> **Aunque los humanos son pecaminosos por naturaleza y elección, la Biblia sustenta la realidad de la redención y un nuevo nacimiento.**

cuando una persona conoce a Jesús en la experiencia de la salvación. Pablo descubrió la verdadera riqueza a través de Jesús. Tiró su viejo sistema de valores a la basura. El filósofo alemán Nietzsche, en una condenación amarga de lo que en la vida de una persona hace el recibir a Cristo, llamó a esa transformación una "transvaluación de los valores antiguos". Dijo que las virtudes viriles de poder, agresión y confianza en uno mismo las cancela la cruz y su mensaje de amor, paciencia, humildad, perdón y gracia.[2] Gracias a Dios tenía razón. Cuando conocemos a Jesús en la cruz, nos convertimos en nuevas personas.

Agentes libres

La doctrina del sacerdocio de creyentes se examina en otra sección de este libro. Debe tenerse presente que esa doctrina aborda el tema de la libertad de cada persona y la plantea como una condición previa a la salvación. Entre más libertad se suprime, la sociedad más lucha en vano para solucionar sus problemas. Siempre que la libertad en asuntos de fe ha sido ignorada o las visiones del gobierno o de la iglesia del Estado se han impuesto a los ciudadanos, la verdadera fe ha sido sustituida con superficialidades (trampas) religiosas. Dios creó a las personas a su imagen y Dios es libre. Durante cuatrocientos años los bautistas han insistido consistentemente en que toda persona tiene la libertad de elegir a Cristo o rechazarlo. La cláusula constitucional que "todos los hombres han sido creados iguales" es un concepto bíblico de la creación.

Esta libertad, si la ejerce debidamente una persona, despierta el deseo de ser parte de una comunidad de personas libres. La libertad permite reconocer la igualdad de otros en la comunidad y así, juntos, los humanos libres buscan el bien de todos. Entendida correctamente, la libertad origina un ministerio de servicio en el que los humanos se someten mutuamente los unos a los otros. La persona verdadera y absolutamente libre en Cristo Jesús anhela que otros gocen esa libertad y hagan todo lo que está en su poder para alcanzarla. No es sorprendente que la mayoría de los misioneros del mundo hoy sean enviados por iglesias libres.

La caída por el pecado

Ningún teólogo o filósofo ha podido responder acertadamente al problema del mal y el sufrimiento. La dicotomía griega llamada *gnosticismo* se desarrolló entre los primeros cristianos. Esta visión sustentaba que el cuerpo era el origen del pecado; cuando se destruía el cuerpo, también se destruía el pecado. Otra visión errónea del origen del pecado es que se debe a la ignorancia; la educación y la cultura pueden eliminarlo. Otros señalan como origen del pecado a Satanás y sienten que el pecado existió antes de la caída. Aquellos que proponen este punto de vista se basan en 2 Pedro 2.4, 1 Juan 3.8 y Judas 6. Estos textos ciertamente clasifican a Satanás como un pecador notorio, pero muchos eruditos consideran que

---

Satanás es, fundamentalmente, el responsable del pecado; pero somos libres. Fue el mal uso de la libertad lo que llevó a la humanidad a caer.

esos textos no dicen más que eso. Una teoría más probable es que el pecado sea el resultado de que Dios ha creado libres a los seres humanos. Aunque Satanás es responsable del pecado, si la gente no fuera libre, Satanás no tendría forma de realizar su trabajo de maldad. Fue el mal uso de la libertad lo que llevó a la caída de la humanidad. Sin libertad —el derecho a decidir hacer lo bueno o lo malo— el pecado no hubiera ocurrido.

Naturaleza del pecado

El pecado es universal. Mucha gente que se opone al término *depravación absoluta* no tiene problemas para aceptar que el pecado es universal. Quizá reaccione más a las palabras que al concepto, pues en realidad los conceptos producen los mismos resultados. La universalidad del pecado es una enseñanza clara de las Escrituras (Sal. 14.1-3, 51.5; Jer. 17.9; Lc. 11.13; Ro. 3.9-18, 5.12-21; Efesios 2.3).

La Biblia resume sucintamente el resultado del pecado: "Porque la paga del pecado es muerte, mas la dádiva de Dios es vida eterna en Cristo Jesús Señor nuestro" (Ro. 6.23), una muerte tanto física como espiritual. Como resultado directo de la caída, a Adán y Eva se les dijo que morirían (Génesis 2.17, 3.19). El pecado trajo como consecuencia la separación de Dios, la vergüenza, la culpa, la ruptura de relaciones personales, dolor y sufrimiento, pérdida de la libertad, esclavitud al pecado y muerte física.

El Salmo 51 fue escrito por David y sin embargo contrasta con el bello Salmo 23. Es un salmo de desesperación profunda, oscura. ¿Cómo pudo el mismo hombre escribir ambos salmos? La respuesta radica en la experiencia humana del pecado.

El Salmo 51 revela el efecto del pecado. El salmo refleja el dolor de David soportado después de su pecado con Betsabé, de haber arreglado la muerte del esposo de ella y los resultados de esos atroces pecados. La primera persona afectada, desde luego, es quien comete el pecado. David admitió ante Natán "Pequé contra Jehová" (2 S. 12.13). Asumió la responsabilidad absoluta. No culpó a su herencia, sus ancestros, el ambiente, la moralidad contemporánea, a Betsabé o a Urías por su pecado. Él lo admitió. David permitió a un terrible pecado entrar a su vida y robarle el gozo de Dios. El pecado causó estragos en su vida y afectó la vida de cada hijo nacido en su familia. Arruinó su herencia, disminuyó la confianza de la gente que le tenía por rey devoto, y afectó la devoción y el amor que su ejército le profesaba.

El pecado mancha la vida. David sintió tanto esa carga que pidió a Dios que lo purificara (Sal. 51.7). Recordó lo que se sentía al ser limpio, y quería que Dios restaurara su limpieza interna. David compara su pérdida a los huesos rotos. La depresión había sustituido al gozo en su vida.

El pecado puede afectar al pecador físicamente. ¿Recuerda un libro publicado hace varios años con el título de *What ever became of sin?* (¿Qué ha pasado con el pecado?). Contenía un mensaje que la gente de hoy

"La paga del pecado es muerte".
Romanos 6.23

quiere rechazar. El pecado afecta la salud física. En la discusión de Pablo sobre la participación en la Cena del Señor (1 Co. 11), advirtió que algunos lo hacían indignamente, y como resultado: "Por lo cual hay muchos enfermos y debilitados entre vosotros, y muchos duermen" (1 Co. 11.30). Esta frase significa que el pecado trae aparejado un gran castigo físico. Y el pecado no tiene que ser uno de los obvios riesgos para la salud como el alcohol, las drogas o el tabaco. Cualquier clase de inmoralidad —desde el adulterio hasta problemas con el ego— nos afecta físicamente.

David quería un corazón limpio, un espíritu recto. Trató de cubrir el pecado con su arrogancia y orgullo. Como rey, David literalmente salió impune del asesinato y del adulterio. Pero descubrió que tal uso de poder tiene un alto precio. Clamó: "Mi pecado está siempre delante de mí" (Salmo 51.3), y rogó a Dios que liberara su espíritu (v.12).

El pecado separa de Dios al pecador. David oró en el versículo 11: "No me eches de delante de ti, y no quites de mí tu santo Espíritu".

El pecado silencia el testimonio de una persona. David reconoció que cuando fuera perdonado podría enseñar "a los transgresores tu camino, y los pecadores se convertirán a ti" (Salmo 51.13).

El pecado afecta a Dios. En 2 Samuel 12.13, el texto en que se basa el Salmo 51, David dijo: "Pequé contra Jehová". Lo admitió nuevamente en el v. 4 del Salmo 51, y en ese mismo versículo más adelante indica que sabía que Dios tenía que juzgar su pecado. En efecto, dijo: Señor, si tú no me castigas, si no haces algo respecto de ese pecado e inmoralidad en mi vida, la gente va a decir que no eres juez justo. Señor, no es solo mi reputación la que está en juego, sino también la tuya.

El pecado afecta a las personas, convirtió a Betsabé en un objeto de lujuria. El niño que les nació murió. Urías fue enviado intencionalmente a la batalla para que muriera. Absalón trató de derrocar a su padre, el rey. Amón, violó a su propia hermana y murió por ese acto. ¿Quién puede decir hasta qué punto la historia de Israel fue afectada? Sin duda, el pecado no es un asunto privado. Es crucial para la supervivencia de una nación que sus ciudadanos vivan éticamente. Isaías 3.8 dice: "Arruinada está Jerusalén, y Judá ha caído; porque la lengua de ellos y sus obras han sido contra Jehová para irritar los ojos de su majestad".

Un estudio revelador sería seguir la huella de cada uno de los hijos de David para determinar cómo les afectó el pecado de su padre. Pasajes anteriores del Antiguo Testamento nos dicen que el pecado de una persona repercute hasta en la tercera y cuarta generación de su descendencia. Ezequiel habló una palabra nueva de que los hijos ya no podrían culpar a sus padres por sus pecados; profetizó un evangelio de responsabilidad individual. Esta es también la visión del Nuevo Testamento. Pero la experiencia muestra que los pecados de los padres influyen en las generaciones siguientes. Dios no juzga a los hijos por los pecados de los padres, y las fallas de los padres no son excusa para que alguien rechace la

> **El pecado afecta nuestra relación con Dios, con otras personas y con nosotros mismos.**

responsabilidad de sus propias acciones. Un viejo sabio dijo sensatamente que una persona debería elegir a sus abuelos con cuidado. No importa cuán misericordioso sea Dios, si continuamos con nuestro pecado, una cadena de reacciones se desatará afectando a una generación tras otra.

Hace años, en Isla de Man [una isla británica], un hombre desempeñaba su trabajo de observador de aves. En una ocasión vio cómo un águila bajó en picada, atrapó a un animal pequeño con sus garras, y se elevó de nuevo hacia el cielo. La escena fue extraordinaria y el hombre la observó atónito con sus binoculares. Pero entonces el águila comenzó a volar erráticamente, perdiendo el control, y finalmente cayó a plomo en la tierra. El hombre estaba seguro de que el águila había muerto y recorrió una gran distancia hacia donde el águila había caído. Vio plumas por dondequiera y pronto la encontró. Al inclinarse, volteó al águila y comprendió lo que había sucedido. El águila había apresado a un tejón, lo había jalado hasta su pecho, dejándole la cara vuelta hacia su pecho. El tejón mordió las entrañas del águila hasta llegar al corazón, pero aun así el águila no lo soltaba.

El pecado es así con nosotros. Lo levantamos y lo sostenemos hasta nuestro pecho hasta que nos destruye y sin embargo rehusamos dejarlo.

Descripciones del pecado
Varias palabras y frases describen el pecado. Un estudio breve de estas nos ayudará a entender la condición humana.

Conducta inicua
La palabra hebrea *aven* se traduce *iniquidad*; se refiere básicamente a algo torcido o perverso o fraudulento, en suma, una conducta depravada. Es impiedad, contaminación, una violación al carácter de Dios. Este concepto del pecado comprende toda la gama de pecados, porque un pecado es cualquier violación al mandamiento "santos seréis, porque santo soy yo Jehová vuestro Dios" (Lv. 19.2).

Rebelión intencional
Adán y Eva fueron culpables de este pecado. Sabían exactamente que Dios había ordenado no comer el fruto prohibido; sin embargo, voluntariamente decidieron desobedecer. Este pecado no se origina por la ignorancia de la ley sino por rebelión, a pesar de conocer la ley. Una palabra griega para nombrar este tipo de pecado se traduce *enemistad*. Describe una mente dispuesta contra Dios o contra otra persona o grupo. A través de la cruz, Cristo borró la enemistad entre los individuos, y entre los individuos y Dios.

El concepto de enemistad se acerca en significado a rebelión, pero las palabras utilizadas son diferentes. Se refiere a transgredir límites, a traspasar las líneas establecidas no por la sociedad sino por Dios, e intencionalmente violar la ley.

A través de la cruz, Cristo borró la enemistad entre las personas, y entre los individuos y Dios.

Transgresión
La palabra original es *pasha*, que significa *ilegalidad* o *fuera de la ley* o *rebelión intencional, anteponer la vida y deseos de uno a la voluntad de Dios*. La transgresión es una violación a los límites de Dios. En el curso de mi ministerio la gente me ha informado que se proponía seguir su curso de acción sin tomar en cuenta la instrucción de la Biblia.

No llegar a la marca
Otra palabra traducida *pecado* es la palabra hebrea *chata*. Significa *no llegar a la marca*. La ley de Dios establece una meta hacia la cual debemos dirigir nuestra vida, una meta a la que no llegamos cuando pecamos. La palabra puede referirse a los pecados individuales o a la manera de vivir.

Incredulidad
La actitud de no creer es la causa subyacente del pecado. Las obras del Espíritu Santo incluyen convencer al mundo de pecado, porque el mundo no cree en Cristo (véase Jn. 16.8-9).

Violación del pacto
El pacto de Dios con Israel incluía las normas de vida y la misión.

Continuamente, Israel era llamado por las violaciones del pacto. El pecado oculto no es el único pecado; cualquier falta al compromiso con la misión a la cual Dios nos ha llamado es pecado. La pérdida de compañerismo con Dios también es una dimensión del pecado contra el pacto. En el nuevo pacto Dios ha grabado su ley, en el corazón (véase Jer. 31.33); bajo ese pacto llamamos a Dios Padre. Ignorar esta relación es pecado.

Impiedad
Esta palabra indica irreverencia.

Libertinaje
En el Nuevo Testamento la palabra *pecado* significa *libertinaje, vida licenciosa* o *sensualidad*.

Depravación
Depravación se refiere al carácter de la persona, lo que es o no es, no solo los actos cometidos. Otra palabra griega estrechamente relacionada con ese significado da la idea de maldad o malicia.

Pecado contra Dios
Todas estas palabras y otras no mencionadas nos ayudan a comprender la naturaleza del pecado, pero en esencia el pecado es una rebelión contra Dios y su voluntad revelada. Uno de los temas de Pablo en el primer capítulo de Romanos es que a pesar de la gran revelación de Dios a través

El egoísmo es la tierra fértil para el pecado.

de su orden creado, la humanidad se rebeló contra la luz y se volvió hacia el pecado execrable, persistente. Muchos teólogos han identificado el egoísmo como el suelo fértil para el pecado. Los humanos quieren más para sí y quieren controlar su propia vida; actúan con motivaciones egoístas, sin importar el efecto que sus vidas produzcan en otros.

Es importante darse cuenta que Dios no ha establecido una lista de lo que se debe hacer y lo que no se debe hacer, solo por tener unas reglas mediante las cuales probar la obediencia. Dios dio sus leyes porque le importamos. Algunas veces las instrucciones de Dios no parecen razonables a la lógica humana. Una vez que hemos determinado que la ley en efecto es de Dios y no una añadidura humana, estamos obligados a guardarla. La obediencia incluye obedecer porque Dios lo manda. Hacer caso omiso del mandato de Dios porque pensamos que es innecesario o porque los tiempos han cambiado, refleja arrogancia de nuestra parte y que estamos dispuestos a pasar por alto el conocimiento de Dios.

Resultados del pecado

La caída se refiere al acontecimiento de cuando Adán y Eva, quienes previamente no tenían pecado (inocentes) y se hallaban en una relación estrecha con Dios, eligieron desobedecer a Dios y cayeron del estado de inocencia al estado de pecado.

La atracción triple de la tentación a menudo se ha identificado como la naturaleza continua de la tentación: El deseo de algo que Dios eligió retener, el deseo de algo bello y el deseo de alcanzar el conocimiento. Dudo que estos tres deseos den cuenta de todo los pecados, pero ciertamente constituyen el patrón que a menudo se sigue.

No importa cómo catalogue uno los tipos de tentación representados en la caída, la esencia del pecado fue que Adán y Eva decidieron actuar independientemente de Dios. Frank Stagg escribió: "Es la historia del amor propio del hombre, la confianza en sí mismo y la autoafirmación. Primero vino la duda de Dios: ¿Realmente es buena la voluntad de Dios para nosotros? ¿Son los mandamientos de Dios obligatorios? ¿No puede uno manejar su propia vida? La duda se convirtió en desconfianza y luego en desobediencia".[3]

La expresión *pecado original* se da a la doctrina de que todos los humanos desde Adán y Eva han nacido en el pecado. David exclamaba: "He aquí, en maldad he sido formado, y en pecado me concibió mi madre" (Sal. 51.5). El concepto ha sido explicado de diversas maneras, Pablo escribió: "Por tanto, como el pecado entró en el mundo por un hombre, y por el pecado la muerte, así la muerte pasó a todos los hombres, por cuanto todos pecaron" (Ro. 5.12).

La doctrina del pecado original hizo surgir la idea del bautismo de los infantes. En el momento más pronto posible, el pecado del infante tenía que ser lavado para que el niño no fuera al infierno si moría. (Algunos personajes de la Reforma reinterpretaron el bautismo de los infantes como una forma de ingresar a la comunidad cristiana, una práctica comparable a la circuncisión en el Antiguo Testamento.)

Los cristianos creen en el pecado original, pero insisten en que nadie va al infierno simplemente sobre la base del pecado heredado. Los bautistas y otros cristianos sostienen que la responsabilidad por el pecado se inicia en la edad en que se es capaz de rendir cuentas. En consecuencia, Dios no hace responsable a la persona por su pecado sino hasta la edad en que la persona se hace consciente de la diferencia entre lo correcto e incorrecto, una edad diferente según cada individuo.

El término *depravación total*, proveniente del calvinismo, todavía se utiliza ampliamente. Significa que todas las personas nacen con una propensión al pecado. El término está directamente relacionado con el pecado original, pero da espacio a varias explicaciones de cómo el pecado original persiste en la raza humana. Por ejemplo, algunos escritores insisten en algún tipo de característica física o espiritual que ha sido transmitida de algún modo de generación en generación desde Adán. Otros escritores piensan que una sociedad malvada garantiza que todos los nacidos en ella se vuelvan malos. El asunto no es el método de transmisión. La cuestión es si los humanos tienen una naturaleza pecaminosa que dará como resultado el pecado, o si deben ser castigados porque son pecadores por naturaleza. Esta última visión plantea que de alguna manera todos los descendientes de Adán se consideran responsables de su pecado; algunos dicen que todo hombre estuvo presente de alguna manera en Adán y de esa forma participó en el pecado, por lo cual debe ser castigado. A esta visión se le llama "federalismo".

La depravación total es un término fácil de comprender. No significa que todos nazcan tan malos como puedan llegar a serlo, o que el pecador no pueda hacer el bien, o que el pecador no tiene conocimiento de Dios. Significa que los humanos tienen una propensión básica e inherente a hacer lo incorrecto más que lo correcto.

El humanismo en términos generales sustenta la visión opuesta: que la gente tiene una propensión inherente hacia el bien, y que hará el bien dada una oportunidad razonable para hacerlo así. Obviamente, sustentar una u otra visión de la humanidad determina la diferencia entre cómo las personas manejan las acciones erróneas de la sociedad y cómo evangelizan.

Enemigo de la humanidad

Satanás es una fuerza personal, maligna a la cabeza del pecado en este mundo. Creer en Satanás y atribuirle tal control a él no aminora la responsabilidad humana del pecado. No podemos ignorar petulantemente las consecuencias del pecado al bromear: "El diablo me hizo hacerlo". Se nos dice muy claramente que resistamos a Satanás, y se nos da el poder para vencerlo (Stg. 1.13-16; 4.7).

En el Nuevo Testamento a Satanás se le llama el acusador, tentador, destructor, el maligno, el enemigo, la serpiente, el príncipe de este mundo, Beelzebú y Belial; y se le llama por las diferentes clases de pecado como mentiroso y asesino. Se le muestra como responsable del pecado, y por medio de los demonios, como el responsable de ocasionar enfermedades, incapacidad, comportamiento desequilibrado y muerte.

El libro de Apocalipsis toca de manera extensa la figura de Satanás y revela en qué medida el pecado tiene su fuente en él. Satanás hace todo lo que puede para engañar a los creyentes y a las personas en general. Pero un día será destruido. No está al mando de este mundo, aun cuando algunas veces parezca estarlo; Dios es quien está al mando.

ACTIVIDAD PERSONAL DE APRENDIZAJE 2

Las Escrituras describen a Satanás de las siguientes maneras: acusador, tentador, destructor, maligno, enemigo serpiente, príncipe de este mundo, mentiroso, asesino, responsable del pecado. Reflexionando en estas descripciones ¿cómo las ve manifestadas en nuestra vida hoy?

_____

_____

_____

La obra expiatoria de Cristo

Porque Dios ama a los humanos pecadores, proveyó un camino para su salvación. Esta maravillosa verdad nos invita a considerar la obra expiatoria de Cristo. Los cristianos siempre han mostrado un interés vital en la expiación. La palabra ha sido explicada popularmente como llevar a la gente separada de Dios hacia una relación de unión con Dios. Pero ¿cómo se logró esto por medio de la muerte de Jesús en la cruz? Los eruditos, de diferentes épocas, han explicado la expiación en diversas maneras. Ninguna de la teorías la explica exhaustiva o cabalmente.

En un punto coinciden todos los eruditos tradicionales: la cruz se halla en el centro del mensaje cristiano. Lo que Cristo consumó en la cruz fue lo apropiado para el pecado humano. El amor de Dios es el apoyo del

"Pero ahora, en la consumación de los siglos, se presentó una vez para siempre por el sacrificio de sí mismo para quitar de en medio el pecado".
Hebreos 9.26

sacrificio de Cristo. Dios planeó esa acción, la inició, la llevó a cabo y la honra. Dios amó a la humanidad más allá de toda comprensión. El dolor de nuestra separación de Él fue real para Dios, y Él emprendió una acción para solucionar el problema del pecado. Cualquier teoría de la expiación que no tome en cuenta el amor de Dios es deficiente. El amor fue la fuerza dominante en la expiación.

Antes del comienzo de los tiempos, Dios decidió que quería tocar el corazón de los humanos con su amor. Antes de la fundación del mundo Dios planeó la venida de Jesús a la tierra (1 P. 1.20). Él planeó que los creyentes fueran salvos por la venida de Jesús (Ef. 1.4).

El pecado impedía que la gente se reconciliara con Dios. El problema tenía que ser resuelto. El pecado es repulsivo para un Dios santo; el pecado debe ser enjuiciado; era necesario quitar la barrera del pecado. Al tratar de definir la expiación, algunos cavan una zanja entre la ira y la justicia de Dios y el amor y su misericordia, así que pareciera como si Dios tuviera dos naturalezas que están en guerra. Esta visión es útil para enfatizar que la justicia de Dios requiere satisfacción y que la misericordia de Dios redimirá. No es exacto que Dios se oponga a sí mismo. Un padre humano ama a un hijo voluntarioso, aun cuando tenga que corregirlo. Eso no significa que el padre viva en guerra con sus dos naturalezas; él es una persona integral que busca lo mejor para su hijo, aun cuando este haga lo incorrecto. Dios es una Persona integral, también. Nunca deja de amarnos aun cuando seamos pecadores. Fue el amor de Dios el que halló el camino para solucionar el problema del pecado en una forma amorosa y justa.

La obra de Cristo se expresa con un buen número de palabras, ninguna de las cuales es adecuada en sí misma. La expiación de Cristo y el cambio resultante en la vida de una persona tiene tantas facetas que estas deben verse desde diversos ángulos. Como sucede con un prisma que se gira lentamente, se producen tantos colores como rayos lo iluminen.

Sustitución

Cristo fue crucificado como nuestro sustituto. Las Escrituras no contienen la palabra *sustituto* en relación con el término expiación, pero varios textos enseñan la verdad de la sustitución. Romanos 3.24-26 tiene tres palabras clave relativas a la expiación: *justificación, redención* y *propiciación*. La fuerza del texto radica en que Cristo murió en nuestro lugar. La idea del rescate (Mr. 10.45) es que, puesto que Cristo murió, nosotros no moriremos. Pablo escribió que Cristo, que no conoció pecado, por nosotros fue hecho pecado (2 Co. 5.21) y maldito (Gá. 3.13). Algunos tienen dificultad para aceptar la idea de que una persona pueda legítimamente pagar por el castigo de otro. Sin embargo, en estos y otros textos del Nuevo Testamento está claro que la muerte de Jesús sustituyó a la nuestra. Si así no fuera, el problema del pecado no estaría solucionado.

Pacto

Este concepto del pecado no le es familiar a muchos cristianos. Cuando hablamos de pacto, generalmente pensamos en términos de creyentes que pactan juntos como iglesia. Hacemos ciertos compromisos unos con otros y con Cristo. Este uso de la palabra es válido, pero el significado bíblico de pacto implica mucho más. Una comprensión del concepto es de vital importancia para comprender la expiación de Jesús.

Deben distinguirse las palabras *pacto* y *promesa*. La Biblia está llena de promesas, pero registra solo unos cuantos pactos. El primer pacto es el que Dios hizo con Noé. Una parte crucial del pacto era que se establecía para el beneficio de toda la gente, no solo de una sola nación (Gn. 9.9-10,12,15-17). De este modo, este pacto revela que el plan de Dios de la historia incluye a toda la gente. Los pactos que siguieron tuvieron el propósito de alcanzar a toda la humanidad.

El segundo pacto es el pacto de Dios con Abraham. Dios especificó su propósito para este pacto: "Serán benditas en ti todas las familias de la tierra" (Gn. 12.3). Abraham iba a ser padre de una nación que Dios capacitaría y le serviría para alcanzar a toda la humanidad. Un tema recurrente del Antiguo Testamento es que Israel no entendió el propósito de este llamamiento.

El tercer pacto fue el de Sinaí. En él, Dios formó a los hebreos en una nación y les dio el privilegio de ser una nación modelo para todo el mundo. Si Israel hubiera guardado el pacto de Dios —cumplido sus leyes y propósito—, hubiera mostrado a todo el mundo cómo la vida sería conforme al propósito de Dios. El pueblo de Israel no cumplió su parte en el pacto de Sinaí. Pidió que Samuel, el líder designado por Dios, ungiera un rey para que lo gobernara (1 S. 8.4-5). Samuel no quería hacerlo porque reconocía en este acto un rechazo a que Dios reinara sobre su pueblo. Dios le dijo a Samuel significativamente: "No te han desechado a ti, sino a mí me han desechado" (1 S. 8.7). Poco tiempo después Samuel ungió a Saúl como primer rey de Israel.

> **Israel no entendió el propósito de su llamamiento. Este es un tema del Antiguo Testamento.**

Cuando David sucedió a Saúl como rey de Israel, Dios prometió a David que su descendiente gobernaría al pueblo de Dios por siempre (2 S. 7.11-16). Esta promesa se cumplió en Jesús, el Mesías (Lc. 1.32-33).

El pacto del Sinaí y el pacto de David eran irreconciliables; por eso constituyeron un factor importante en el gran conflicto entre reyes y profetas en el Antiguo Testamento. El pacto de Sinaí no permitía ningún rey, excepto Dios. El pacto davídico prometía un rey para siempre, de la línea de David. Solo en Cristo Jesús podían los pactos opuestos reconciliarse, puesto que Él es divino (de este modo, ningún rey reina entre Dios y su pueblo) y Él es descendiente de David (quien, como Rey de reyes, reina por siempre sobre el pueblo de Dios).

El problema con los pactos del Antiguo Testamento era que no dotaban del poder interno para guardarlos. La ley era útil pero deficiente. Jeremías profetizó que el día vendría cuando la ley de Dios sería escrita en el corazón (Jer. 31.33-34). Esa profecía se cumplió en el nuevo pacto a través de la muerte expiatoria de Jesús, quien murió reconciliando a todos los que creyeran en Él. El nuevo pacto es de poder interno, basado no en la ley sino en una relación libre, de redención con Dios por medio de Cristo.

Sacrificio

Recientemente leí un extenso artículo sobre la India. Presté especial atención a los procesos de adoración y sacrificio. Muchos dioses y diosas son adorados. Se celebran matrimonios entre las deidades. Se cree que el río santo, el Ganges, sana si uno se mete en él en el momento adecuado.

Como en la India, seres de todo el mundo buscan algo que los salve de sus pecados, algo que les traiga esperanza y paz a sus vidas. El perdón y la paz están disponibles por medio del evangelio de Cristo Jesús. Hebreos 7.25 dice: "Por lo cual puede también salvar perpetuamente a los que por Él se acercan a Dios, viviendo siempre para interceder por ellos". Jesús no murió para condenar a los seres humanos sino para salvarlos, sin importar quiénes son, lo que han hecho o en qué han estado creyendo. Jesús quiere salvarnos, perpetuamente, a todos los habitantes de la tierra.

El trabajo sacerdotal de Jesús se cumplió con su muerte expiatoria. Aquel que no conoció pecado se hizo pecado por la humanidad. Por la unión con Él, los hombres entran a una nueva vida y al final serán partícipes del *estado sin pecado* de Cristo. En la muerte de Cristo en la cruz, el Dios de santo amor venció al pecado por medio de su propio sacrificio.

Al principio, los discípulos vieron en la muerte de Jesús una derrota. Se sintieron abatidos y sin esperanza hasta que Jesús se levantó de la tumba. Cuando ellos abrieron su corazón a las enseñanzas de Jesús resucitado, se dieron cuenta de lo que Él había hecho por ellos (Lc. 24.45-47).

La absoluta importancia de esta obra de Jesús puede entenderse solo a medida que estudiamos el sacrificio en el Antiguo Testamento. El espacio limitado de este libro permite mencionar únicamente cuatro tipos de sacrificio prominentes en el Nuevo Testamento: las ofrendas para quemar, las de paz, pecado y culpa. Leon Morris enumera seis pasos comunes en los sacrificios: 1) acercarse en adoración; 2) imponer las manos, lo que simbolizaba la transferencia de los pecados personales al sacrificio; 3) la muerte de animales por el adorador (no el sacerdote), lo que indicaba que el adorador era digno de muerte; 4) las diversas formas en que se aplicaba la sangre en los rituales, lo cual iniciaba el trabajo del sacerdote e indicaba la seriedad del pecado; 5) quemar los sacrificios en el altar, permitía al humo y el aroma ascender a Dios, y de este modo se le ofrecía el sacrificio a Dios; 6) el destino del cadáver, en el cual las partes de los restos del sacrificio se distribuían de diversas maneras, cada una de las cuales tenía su significado, haciendo partícipes a las personas en el ritual.[4]

Todos estos pasos sirven para comprender a los judíos del primer siglo

> **Aunque Jesús no pecó, se sacrificó a sí mismo por el pecado de otros.**

—y a los gentiles también, puesto que también hacían sacrificios— y de esto modo sentar los antecedentes del sacrifico de Jesús. La diferencia era que el sacrificio de Jesús era perfecto y no tenía que repetirse. Él fue nuestro sacrificio, y por tanto no son necesarios más sacrificios.

Hebreos 7.26-27, que se refiere al sacerdocio de Jesús, dice: "Porque tal sumo sacerdote nos convenía: santo, inocente, sin mancha, apartado de los pecadores, y hecho más sublime que los cielos; que no tiene necesidad cada día, como aquellos sumos sacerdotes, de ofrecer primero los sacrificios por sus propios pecados, y luego por los del pueblo; porque esto lo hizo una vez para siempre, ofreciéndose a sí mismo". Él es santo; no se necesita ningún otro intento de purificación. Él es inocente (griego *akakos, enteramente inocente*), sin mancha (griego *amiantos, inmaculado*) y apartado de los pecadores. No existirá ningún sacrificio más perfecto. Se le exalta por encima de los cielos; ningún otro sacrificio se necesitará jamás. Todas estas cualidades contrastan con los sumos sacerdotes terrenales, que cambiaban con cada generación. Estos sumos sacerdotes no podían salvar. Eran mortales y pecadores, como todos los demás humanos. Sus sacrificios eran imperfectos y temporales. Eran mediadores con limitaciones humanas. Jesús puede salvar a quienes vengan a Él (He. 7.25). Esto significa que ningún pecador puede ser tan malo que no pueda ser salvado.

> **Jesús hizo su sacrificio una vez y para siempre. No se necesita ningún otro sacrificio.**

Redención

La muerte de Jesús nos redimió del pecado. Esto significa liberación y libertad para el creyente (Gn. 5.1). En el mundo antiguo la esclavitud era común. Una persona nacía esclava, se convertía en esclava como prisionera de guerra, o era secuestrada por tratantes de esclavos. Una vez que la persona se convertía en esclava, sus hijos también serían esclavos a menos que una persona o grupo pagaran un rescate y los liberara. En el reino espiritual Cristo pagó el rescate con su sangre, y fue suficiente. Los eruditos de la historia cristiana han especulado sobre a quién pagaría Jesús el rescate, algunas veces han dado explicaciones de una extensión considerable para describir la transacción. Tal especulación tiende a crear más problemas que a solucionarlos. El punto fundamental del Nuevo Testamento es que Cristo nos libera, y se pone especial énfasis en el poder increíble de Dios para cumplir en Cristo aquello que nunca antes había sido posible cumplir. La libertad es absoluta y completa en Cristo Jesús.

La Persona de Jesús y la obra redentora de Jesús van juntas. Pablo dijo: "Cree en el Señor Jesucristo, y serás salvo" (Hch. 16.31). Jesús no vino a la tierra con la misión solo de enseñar y predicar. Vino para hacer algo que no podría haber sido realizado sin el Calvario. Dijo: "Porque el Hijo del Hombre vino a buscar y a salvar lo que se había perdido" (Lc. 19.10). Pedro declaró respecto de Cristo en el Pentecostés: "A éste, entregado por el determinado consejo y anticipado conocimiento de Dios, prendisteis y matasteis por manos de inicuos, crucificándole" (Hch. 2.23). Pablo dijo:

> *" Y como Moisés levantó la serpiente en el desierto, así es necesario que el Hijo del Hombre sea levantado, para que todo aquel que en él cree, no se pierda, mas tenga vida eterna.*
> *Juan 3.14-15*

"Al que no conoció pecado, por nosotros lo hizo pecado, para que nosotros fuésemos hechos justicia de Dios en Él" (2 Co. 5.21). La redención es el resultado de la voluntad del Hijo de Dios de llevar nuestros pecados en su cuerpo para que podamos morir al pecado y vivir en justicia (1 P. 2.24).

¿Por qué permitiría Dios la muerte de su Hijo? Jesús dio la explicación: "Y como Moisés levantó la serpiente en el desierto, así es necesario que el Hijo del Hombre sea levantado, para que todo aquel que en él cree no se pierda, mas tenga vida eterna" (Jn. 3.14-15). En la cruz Dios hizo por los pecadores lo que ellos no podrían haber hecho por sí mismos. Jesús nos redimió de toda iniquidad. Nuestros pecados han sido cubiertos con su sangre.

Reconciliación

En La doctrina de la oración, T. W. Hunt nos relata que mientras aconsejaba a una mujer, la alcanzó con la siguiente pregunta: "Si la sangre de Dios te limpia, ¿qué tan limpia puedes estar?"[5] Yo me hallaba capacitando a consejeros en Dayton, Ohio, para una cruzada evangelística. Un consejero invitó a la cruzada a una mujer joven a quien él había ganado para Cristo. La mujer era drogadicta, tenía muchas marcas de agujas en sus brazos y era prostituta. Su madre la había mandado a la calle con diez años de edad para mantener el vicio de las drogas. Cuando pasó adelante en la cruzada a fin de hacer pública su decisión, dijo: "Conocí a Jesús hoy, y Él me ha limpiado. Ya no estoy sucia e impura. Soy limpia otra vez".

Cristo murió para reconciliar con Dios a la gente apartada de Él. La palabra *reconciliación* se refiere a remediar una separación, una enemistad entre cada persona y Dios a causa del pecado (Ro. 5.10). Cristo llevó a las personas que creen en Él a una relación correcta con Dios. Dios no es el que cambia; la reconciliación no es el proceso de cambiar a Dios para que pueda sonreírnos. El pecado nos separa de Dios. El problema del pecado tenía que ser abordado, pues Dios se opone al pecado y al mal. Pero Dios inició una forma de reconciliación (Ro. 5.11). Somos nosotros los que fuimos cambiados, nosotros los que somos reconciliados con Dios, no Dios con nosotros (2 Co. 5.18-20, Col. 1.21-22).

Reconciliar no significa reformar ni "adquirir una religión". Dios, en su soberanía, podría juzgarnos con justicia; sin embargo, ha actuado para propiciar una transformación a través del nuevo nacimiento (Jn. 3). *Nacer de nuevo* es una combinación de dos palabras. La primera palabra griega es *gennethe*, que se traduce *nacer*. La segunda palabra, *anothen*, tiene tres significados: *de lo alto; desde el principio; y otra vez, de nuevo*. La idea de renacimiento y re-creación se encuentra en muchos textos del Nuevo Testamento (Ro. 6.11, Gá. 6.15, Tit. 3.5, Stg. 1.18, 1 P. 1.3, 23, 1Jn. 2.29, 3.9, 4.7, 5.1, 4, 18).

Dios no nos creó para estar separados de Él. Cuando somos reconciliados, comenzamos el proceso de convertirnos en la clase de personas para lo que fuimos creados: personas en paz con Dios y con los demás (Ef. 2.11-21). En nuestro mundo reinan la competencia, la hostilidad y la guerra. Cristo es el camino hacia la paz. Cuando las personas sean reconciliadas verdaderamente con Cristo y cuando busquen seguir sus enseñanzas, como resultado vendrá la paz.

Propiciación/Expiación

Los teólogos difieren en su interpretación de las enseñanzas bíblicas sobre las palabras *propiciación* y *expiación*. Ambas palabras se utilizan para traducir la palabra griega *hilasmos*. En diversas formas esta palabra aparece en Romanos 3.25, Hebreos 2.17, 1 Juan 2.2, 4.10. La traducción española de Reina-Valera de 1960 traduce el término *hiláskomai* preferentemente por "propiciación" (salvo en He. 2:17, en que optó por "expiar").

De acuerdo con el *Diccionario de la Santa Biblia*, editado por W.W. Rand, *propiciación* se refiere a apaciguar a una persona enojada u ofendida, mientras que *expiación* se refiere a quitar el pecado o la culpa.

Aquellos que prefieren traducir *hilasmos* como *expiación*, enfatizan que el pecador se reconcilia con Dios a través del sacrificio de Cristo, Dios provee los medios para esta reconciliación al quitar la causa de nuestra separación de Dios. El pecado es expiado por el sacrificio de Cristo. De este modo, aquello que nos separa de Dios es quitado, y nuestro acercamiento a Dios es posible por medio de Cristo. La *expiación* no se centra en apaciguar la ira de Dios sino en la acción de Dios, por medio de Cristo, de quitar la barrera del pecado que separa de Dios a los pecadores.

Otros eruditos, tales como Leon Morris, prefieren traducir *hilasmos* y otros derivados de la palabra como *propiciación*. Estos teólogos sienten que la idea de la expiación pasa por alto lo que la Biblia enseña acerca de la ira de Dios hacia el pecado.[6] Millard J. Erickson escribe: "El gran número de pasajes que hablan de la ira de Dios respecto del pecado evidencian que la muerte de Cristo fue necesariamente propiciatoria".[7] Al referirse a varios pasajes sobre la expiación en los escritos de Pablo, Erickson escribe: "Así que la idea de Pablo sobre la muerte expiatoria ... no es simplemente que cubre el pecado y lo limpia de su corrupción (expiación), sino que el sacrificio también apacigua a un Dios que odia el pecado y se opone radicalmente a él (propiciación)".[8]

Cualquiera que sea la visión que uno tenga sobre este asunto, la verdad crucial es que el problema del pecado humano y la separación de Dios fue resuelto con el sacrificio de Jesús en la cruz.

Justificación

La justificación es uno de los conceptos más prominentes del Nuevo Testamento. La palabra griega traducida *justicia* o *rectitud* como sustantivo, verbo u otra clase gramatical de palabras, aparece muchas veces. La dos formas de traducir la palabra indican correctamente que los dos conceptos no se separan en la Biblia.

Cuando la gente verdaderamente se reconcilia en Cristo experimenta la verdadera paz.

"Porque de tal manera amó Dios al mundo, que ha dado a su hijo unigénito, para que todo aquel

La justicia debe ser recta. Debe descansar sobre una base ética de santidad. La rectitud debe dar como resultado la justicia. De ahí que la demanda de Dios de rectitud a través de los profetas del Antiguo Testamento, se cumple solo cuando la justicia prevalece. Esa conexión es la misma en el Nuevo Testamento. Un Dios justo nos justifica.

El concepto de la justicia en el Antiguo Testamento se basa en guardar la ley. El concepto del Nuevo Testamento se basa en Jesucristo. A los que creemos en Jesús como Salvador y Señor se nos atribuye la rectitud de Cristo. La justicia se satisface completamente en lo que Cristo hizo por nosotros en la redención (Ro. 3.25). En los días de Pablo debió haber sido común la idea de que Dios no sería justo si perdonara el pecado tan fácilmente. Pablo argumentó que la justicia de Dios se cumple en que proveyó una manera para que los pecadores se volvieran justos en Cristo (Ro. 3.26). Venimos a Cristo por medio de la fe, no por obras; Cristo como justicia para nosotros es un don de Dios para aquellos que creen en Él (véase Ro. 5.17). Aquellos que quieren obtener la salvación por medio de las obras revierten el concepto de la salvación (Ro. 9.30-32).

La justificación puede parecer demasiado fácil a la gente moderna. Que una persona sea perdonada y de ese modo se le permita establecer su relación con Dios, como si nunca hubiera pecado, es un procedimiento demasiado fácil y bueno para ser verdad. La justificación ciertamente no fue fácil para Dios. Leon Morris ilustró la dificultad de este modo: Un ladrón entra en su casa y roba algo caro y preciado, pero al final usted lo perdona. Este perdón puede parecer difícil, pero todavía más si usted descubriera que el ladrón es su mejor amigo. Usted se sentiría traicionado, y el perdón se volvería mucho más difícil. Pero suponga que ese ladrón es su hijo. Todo tipo de emociones surgen en usted. Usted lo perdonará, pues esa es la naturaleza de los padres; no obstante, con toda seguridad no le será fácil perdonar.[9] Dios perdona a todos los que vengan a Cristo con fe. Y no solo perdona sino también justifica y nos considera como si no hubiéramos pecado. La justificación es un milagro de Dios que está más allá de la comprensión. Pero aunque no podamos entenderla, podemos experimentarla por medio de la gracia salvadora de Jesucristo.

Ralph Neighbour dijo: "Jesús nunca puede mirarme sin ver su propia sangre. Porque le he pedido que me perdone y me limpie con su sangre, nadie en el cielo puede mirarme sin verme por medio de la sangre de Cristo".

Esta maravillosa verdad tiene implicaciones importantes para que un cristiano comprenda la experiencia de la salvación. Por un lado, termina para siempre con la idea de que nuestra salvación es, en cualquier sentido, fruto de nuestra propia obra. El pecado es un asunto grave para Dios. Debemos ser justos para estar ante su presencia. Y nunca podremos volvernos justos por nosotros mismos. Pero el hecho de que se nos haya dado la justicia de Dios nos dota de un ímpetu poderoso para vivir de una manera agradecida, ferviente.

> **El hecho de que hemos sido hechos justos en Cristo nos da una motivación para una vida recta.**

ACTIVIDAD PERSONAL DE APRENDIZAJE 3

El autor usa varias palabras para la expiación. Defina cada palabra.

Sustitución
___

Pacto
___

Sacrificio
___

Redención
___

Reconciliación
___

Expiación
___

Justificación
___

Propiciación
___

El plan de salvación de Dios

El pecado es una realidad en la vida humana. Los resultados del pecado pueden verse en todas partes, y las vidas de los individuos a menudo muestran las profundas heridas del pecado.

David expresó la necesidad de la gente al llamar a Dios para que lo purificara del pecado (Sal. 51.7). Isaías ofreció esperanza a los pecadores cuando dijo: "Si vuestros pecados fueren como la grana, como la nieve serán emblanquecidos; si fueren rojos como el carmesí, vendrán a ser como blanca lana" (Isaías 1.18). El plan de salvación se cumple en Jesucristo.

La principal tarea de Jesús es salvar, y ese es el significado de su nombre (Lc. 19.10, 1 Ti. 1.15, He. 9.26). La salvación es enteramente resultado del amor de Dios. El hecho se expresa en el versículo más conocido de la Biblia, Juan 3.16. Este versículo nos dice que el amor de Dios es universal: "Porque de tal manera amó Dios al mundo...". En pocos pasaje de la Biblia se subraya tan enfáticamente el evangelio universal de Dios como en este pasaje. Un predicador dijo una vez: "La voluntad de Dios para salvar es tan amplia como su voluntad para crear". Dios ama a todas las multitudes del mundo de hoy. Dios ama a todos los seres humanos, de las diversas razas, colores y nacionalidades, sean buenos o malos. Dios ama por igual al desagradable y a quien no inspira amor, a la persona que adora a Dios y a la persona que nunca piensa en Dios. San Agustín dijo: "Dios ama a cada uno de nosotros como si fuéramos la única persona que existiera para amar". El corazón misionero no es una opción para el cristiano: si estamos en sintonía con Dios, sentimos una carga por este mundo.

> "Dios ama a cada uno de nosotros como si fuéramos la única persona que existiera para amar".
> San Agustín

El amor de Dios es inmerecido. Dios dio a su unigénito hijo. Mucha gente a través de la historia de este mundo ha rechazado a Dios. Las páginas de la historia están llenas de asesinatos, deshonestidad, guerra e injusticia. Muchos han elegido oponerse y rechazar a Dios. Sin embargo, Él ha amado a los seres humanos con un amor por el que no han hecho nada para ganárselo. Este don de salvación se da a todos los que creen, simplemente porque Dios es misericordioso (véase Efesios 2.8-10).

Por gracia por medio de la fe

Pablo dijo que somos salvados por la gracia de Dios. *Gracia* es una de las más bellas palabras de la Biblia. Significa *favor, buena voluntad y gratitud, y que conlleva la esencia del bien, gentileza y espíritu servicial*. Básicamente la palabra significa *hacer un regalo*. La palabra griega que se traduce *gracia*, *charis*, habla del amor redentor de Dios, que siempre está activo para salvar a los pecadores y para mantenerlos en la relación apropiada con Él.

La Biblia es la historia de la gracia salvadora de Dios. El Antiguo Testamento describe la bondad amorosa de Dios a través de una relación de pacto con su pueblo. En el Nuevo Testamento un nuevo pacto se encuentra en el don de Jesús: "Pues la ley por medio de Moisés fue dada, pero la gracia y la verdad vinieron por medio de Jesucristo" (Jn. 1.17).

La salvación no viene como resultado de la fe en Cristo más nuestras buenas obras. En Gá. 5.4 Pablo habló de aquellos que "de la gracia habéis caído" (Gá. 5.4), no dijo que alguien hubiera sido destituido de la gracia. Acusó a los Gálatas que habían dejado de enseñar la salvación por la gracia. La salvación solo puede venir por la gracia de Dios.

Pasos en el plan

Dios ha provisto la salvación para todos aquellos que le respondan. La respuesta al plan de salvación comprende varios pasos importantes.

LA SALVACIÓN DE DIOS | CAPÍTULO 3

Convencimiento

Escuché el evangelio por primera vez cuando tenía 15 años. Era un muchacho perdido en una familia perdida en una sociedad pagana. Sin embargo, cuando escuché sobre Jesús, nunca cuestioné si esa historia era verdad. Cuando fui a un culto porque no tenía nada más que hacer y escuché predicar al pastor y luego ofrecer la invitación, caminé por el pasillo y le dije al pastor que estaba perdido, iría al infierno y quería aceptar a Jesús como mi Salvador. Me arrodillé junto con el pastor y oré "la oración del pecador", es decir una oración de confesión y aceptación. ¿Cómo pudo un muchacho de 15 años que no sabía nada sobre religión, la Biblia o Cristo llegar a entender tan rápido? Fue posible porque Dios obró en mi corazón para revelarme la verdad acerca de Jesús. Prediqué en campos misioneros a personas que nunca antes habían escuchado de Cristo y sin embargo, lo aceptaron tan pronto como hice la invitación y expresaron: "Nunca había escuchado esto antes, pero hay algo en este mensaje que me habla y lo creo y acepto a Jesús como mi Salvador". En una ocasión prediqué a una multitud en África mientras un grupo de detractores desfilaba afuera, tocando tambores e invocando a su dios para que maldijera nuestra reunión. Cuando se hizo la invitación, 35 personas que nunca habían oído hablar de Cristo lo aceptaron como Salvador.

La verdad de que Jesús es el Hijo de Dios es tan profunda que se requiere la revelación de Dios para entenderla. Pablo escribió: "Nadie puede llamar a Jesús Señor, sino por el Espíritu Santo" (1 Co. 12.3). Jesús dijo: "Ninguno puede venir a mí, si el padre que me envió no le trajere" (Jn. 6.44). Así, cuando los hombres confiesan que Jesús es el Señor, lo hacen por revelación divina: Dios ha obrado para llevarlos a esa comprensión.

Arrepentimiento

Existen en el mundo muchas ideas falsas y engañosas. Algunas veces líderes religiosos enseñan idea erróneas. Escuché a un predicador decir que el Nuevo Testamento no enseña una ética sexual. Desde luego, esto no es verdad. Una vez recibí una carta donde se afirmaba que ningún texto de la Biblia enseña que existe el infierno. Esa, también, es una idea falsa. Las creencias y comportamientos erróneos necesitan corregirse: de eso se trata el arrepentimiento. La palabra del Nuevo Testamento que se traduce arrepentimiento es *metanoia* que expresa tres significados del arrepentimiento: un cambio en la manera de pensar; remordimiento y arrepentimiento por el pecado; y apartarse del pecado para volverse a Dios.

El arrepentimiento es el proceso de admitir la suciedad e impureza del pecado. Isaías 1.5-6 da una imagen clara del pecado: "¿Por qué queréis ser castigados aun? ¿Todavía os revelaréis? Toda cabeza está enferma, y todo corazón doliente. Desde la planta del pie hasta la cabeza no hay en él cosa sana, sino herida, hinchazón y podrida llaga; no están curadas, ni vendadas, ni suavizadas con aceite".

> *Metanoia* expresa tres significados principales del arrepentimiento: un cambio en la manera de pensar; remordimiento y arrepentimiento por el pecado; y apartarse del pecado para volverse a Dios.

Mediante el arrepentimiento se reconoce que el pecado tiene el poder y el dominio de la vida (véase Jn. 8.34-44). En una ocasión supe de unos individuos que habían usado heroína defectuosa. Esta los paralizó, los congeló en una posición. Esto es lo que hace el pecado, nos congela en una posición, tomando y destruyendo todo lo que toca. A menudo la gente trata de justificar sus malas acciones. La Biblia llama *pecado* a esta manera egoísta de vivir. Gálatas 5.19-21 dice: "Manifiestas son las obras de la carne, que son: adulterio, fornicación, inmundicia, lascivia, idolatría, hechicerías, enemistades, pleitos, celos, iras, contiendas, disensiones, herejías, envidias, homicidios, borracheras, orgías, y cosas semejantes a estas; acerca de las cuales os amonesto, como ya os lo he dicho antes, que los que practican tales cosas no heredarán el reino de Dios".

El arrepentimiento significa tres cosas: Primero, significa permitir a Dios cambiar nuestra mente. La única forma como Dios puede purificar y restaurar el compañerismo es que la persona no salva cambie radicalmente la forma cómo piensa acerca de lo correcto e incorrecto. En segundo lugar, significa permitir a Dios que cambie su corazón. La base emocional de la vida se regenera cabalmente. Los sentimientos —no solo el conocimiento intelectual— sobre lo correcto y lo incorrecto ocasionan que la persona redimida odie el pecado como Dios lo odia. En tercer lugar, significa permitir a Dios cambiar nuestras acciones. La salvación da como resultado un cambio en la conducta. La persona redimida deja de hacer cosas que están fuera de la ley de Dios. Pero además, el cambio es positivo: quien ha sido salvado comienza a vivir una vida libre del peso del pecado.

Aceptación

Cuando alguien recibe a Cristo como Salvador, debe recibirlo también como Señor. La salvación no es fundamentalmente de muerte eterna a vida eterna. El nuevo nacimiento es el comienzo de una nueva vida; la vida a la cual el creyente nace empieza en el momento de la conversión. Usted no va a nacer de nuevo cuando vaya al cielo; usted *ha* nacido de nuevo. La vida es nueva y radicalmente diferente en naturaleza y dirección.

Nadie puede educarse en la salvación; debe tomarse una decisión de aceptar a Cristo. Uno puede estudiar a Jesús durante una vida entera y nunca conocerlo como Salvador. Los maestros de religiones comparadas en todo el mundo no tienen problema en colocar a Jesús entre los líderes y maestros más importantes del mundo, y pueden citar sus palabras con facilidad. Algunas religiones no cristianas fácilmente aceptan a Jesús junto con otros personajes religiosos. Pero Jesús es más que un gran maestro; Jesús aclaró a Nicodemo que si bien él era un hombre que seguía los preceptos morales y era un líder religioso, necesitaba nacer de nuevo. Es bueno vivir conforme a los Diez Mandamientos y la Regla de Oro, pero estos no son suficientes para salvar.

Nadie nace de un modo natural en el reino. El nacimiento humano y

> **El nuevo nacimiento es una realidad presente que marca el inicio de la vida cristiana.**

espiritual son dos cosas diferentes. Toda persona nace con una naturaleza pecaminosa (Sal. 51.5; Is. 53.6). Debe haber un renacimiento espiritual. Nicodemo era un hombre respetable, pero Jesús dijo que tenía que nacer de nuevo. A mi padre se le dificultaba comprender la salvación. Era un hombre bueno y trabajaba arduamente para ser mejor, pero no podía encontrar la salvación. Una vez le dije: "Papá, nunca te volverás cristiano trabajando en eso como lo estás haciendo. Nunca aceptarás a Jesús tratando de enderezar tu vida". De pronto, la ceguera espiritual de mi padre se esfumó, y pudo ver la verdad de la salvación. Oró: "Dios, perdóname y sálvame". La salvación vino en el momento de la aceptación. Cuando mi papá aceptó a Cristo y dejó que Cristo lo salvara, fue salvo. Jesús dejó claramente establecido que Él es la autoridad respecto de la salvación. Cualquier cosa que uno piense acerca de la salvación o desee que esta sea es irrelevante. Cristo es el camino; Él es la autoridad. Por lo tanto, debemos abandonar nuestras ideas y ofrecérselas a Él.

Confesión

A veces escuchamos a los llamados "creyentes secretos", personas que creen que Jesús es el hijo de Dios, lo reciben como Salvador personal, pero no lo confiesan abiertamente por temor de ser avergonzados, o a las represalias. Jesús enseñó la necesidad de la confesión (Mt. 10.32-33). La salvación no es solamente un sentimiento intelectual; implica recibir a Cristo como Señor.

La confesión de Cristo habla a la naturaleza verdadera de la fe. La fe salvadora demanda que Cristo sea el primero. Nadie que ponga a su hogar, hermanos o hermanas, padre y madre, o hijos o tierras antes que Jesús será salvo (Mt. 19.29). La fe es verdad y obediencia; es dar un paso hacia delante para pronunciarse a favor de Cristo. Implica hacer una confesión pública. ¿Puede alguien salvarse sin ser discípulo? ¿Cómo puede uno recibir un regalo tan maravilloso como la salvación y sin embargo rehusar ser discípulo? ¿Cómo puede un verdadero creyente no ser abierto respecto de la fe en Cristo? ¿Cómo puede uno creer que la vida eterna es mucho más importante que la vida terrenal y sin embargo no pronunciarse a favor de Jesús?

Puede argumentarse que Mateo 10.32-33 encierra el propósito de declarar la forma progresiva cómo un creyente debe vivir. Al nuevo creyente le espera un gran crecimiento, y las mejores intenciones están sujetas a las presiones constantes del mundo. Aun Pedro negó a su Señor. Pero en el momento de la conversión era inconcebible que la persona recién salvada pudiera albergar en su corazón la intención de no anunciar su salvación. En las iglesias bautistas del sur, el tiempo de invitación está diseñado para proporcionar una oportunidad inmediata para que el creyente confiese ante todos los presentes que ha aceptado a Cristo. Por lo general, poco después sigue el bautismo, pues es también una declaración pública de fe. Estos son los inicios, no el final, de una vida de confesión pública.

> La fe es dar un paso hacia adelante y pronunciarse a favor de Cristo. Implica hacer una confesión pública de Jesús como Señor.

Este nuevo inicio merece la mejor atención que una iglesia pueda dar. Se necesitan consejeros capacitados en toda iglesia para trabajar con los recién convertidos. En el momento de la conversión el plan de salvación necesita clarificarse. Necesitan responderse todas las preguntas, y el recién convertido necesita ir de esa reunión inicial con los pasajes impresos sobre cómo llegar a ser cristiano y cómo tener la certeza de la salvación. Bienvenido a la familia de Dios es un folleto que da a los nuevos cristianos una guía inmediata. Satanás es rápido para atacar a los nuevos cristianos con dudas y tentaciones. Debemos hacer todo lo que podamos para dar a los nuevos cristianos la armadura de Dios y la espada de la Palabra.

La naturaleza de la fe salvadora

La fe para la salvación es más que una perspectiva optimista de la vida y es más que asentir a ciertas declaraciones de fe. La fe demanda una respuesta total, que comprenda la mente, las emociones y la voluntad del creyente.

> La fe demanda una respuesta total, que comprende la mente, las emociones y la voluntad del creyente.

Intelectual

La fe que salva no es fe ciega. Los hechos acerca de la obra de Dios en la creación y sobre la vida y obra de Cristo han sido registrados. Algunos de esos hechos nos hacen pensar. Los milagros de Jesús, su nacimiento virginal, su muerte en la cruz y su resurrección han hecho que muchos rechacen la salvación.

La siguiente pregunta se plantea frecuentemente: ¿Qué tiene que saber una persona para ser salva? Esta no es una pregunta fácil de responder. La salvación viene cuando una persona pone su fe en Cristo. Obviamente, después de que una persona ha recibido la salvación, necesitará aprender muchas cosas importantes. Mientras más sepamos de nuestra fe cristiana, mejor. Sin embargo, es necesario aceptar tres hechos en el momento de la conversión: 1) Jesús existió como una persona histórica (1 Jn. 1.1-3, 4.2-3). 2) Jesucristo es el Hijo de Dios y aceptarlo en estos términos es la fe salvadora (1 Jn. 4.15). 3) Jesús es el camino de la salvación (He. 4.12).

Emocional

Los seres humanos son diferentes. Todos sin embargo, tienen emociones. La salvación atañe a la persona. La emoción es el resultado de darse cuenta que hemos sido perdonados de nuestros pecados y se nos ha dado una vida nueva. La redención que experimentamos en Cristo trae consigo un cambio. Pueden derramarse lágrimas o no, pero la profundidad de la experiencia toca el alma. La emoción sola no da la salvación.

Volitiva

La volición se refiere a la voluntad e indica que la salvación es un asunto de una elección consciente. El significado de *fe* se ha vuelto confuso en el mundo moderno. Algunas veces la palabra se utiliza para referirse a creer en un conjunto de hechos. Algunas veces, cuando las personas hablan de fe, quieren decir una iglesia o denominación. Algunas veces la palabra se utiliza para referirse a un sentimiento místico vago. El significado bíblico de *fe*, sin embargo, incluye un compromiso profundo. Cristo enfatizó la necesidad de estimar el costo de creer y hacer un compromiso incondicional (Lc. 14.25-33). Pablo eligió a Cristo (Fil. 3.7-9).

La realidad de la condición humana, el hecho de que todavía tenemos una naturaleza pecaminosa, es que nunca nos rendimos completamente a Cristo. Un creyente en crecimiento constantemente encuentra lugares en su vida que no ha rendido a Cristo. Aun así, en el punto de la conversión, los humanos no deben retener conscientemente ninguna parte de sí mismos; hasta donde se conocen, deben elegir rendirse completamente a Cristo.

Lo que la salvación significa para los creyentes

La salvación es una experiencia integradora. El poder salvador de Dios alcanza las profundidades del ser; da perdón, gozo, paz y nueva vida en Cristo. Varias declaraciones importantes describen lo que la salvación significa para aquellos que creen.

Tres dimensiones

La salvación incluye tres dimensiones: llegar a ser un creyente en Jesús en el punto de decisión, la vida de discipulado y la redención final. Los bautistas expresan esta triple dimensión así: "Soy salvo, estoy siendo salvo y seré salvo". La primera se refiere a la necesidad de tomar una decisión por Cristo. La segunda se refiere al proceso del crecimiento cristiano,(Fil. 2.12). Esto no se refiere a la salvación por obras, sino a aplicar en la vida diaria la experiencia de la salvación en el poder del Espíritu Santo. La tercera se refiere a nuestro encuentro con Cristo en la eternidad; entonces nuestra salvación será completa.

Un cristiano puede afirmar con toda propiedad: "Soy salvo, estoy siendo salvo y seré salvo".

ACTIVIDAD PERSONAL DE APRENDIZAJE 4

Las tres dimensiones de la salvación son:

_____

_____

_____

Llamado por Dios

En los siglos pasados de la historia bautista, los desacuerdos sobre la predestinación fueron muy agudos. Los escritos de Juan Calvino definieron la predestinación y montaron el escenario para siglos de debates. En su forma extrema, la predestinación enseña que Dios predeterminó que ciertas personas fueran salvas y otras no. Muchas personas que sustentan esta visión se han opuesto fuertemente a las misiones bajo la presuposición de la soberanía de Dios. Los viejos argumentos concernientes a la predestinación rara vez se escuchan hoy. Esto hace posible que examinemos el significado de la predestinación en una forma más provechosa. La elección es una doctrina que enfatiza la obra de Dios en la salvación. Palabras como *predestinado, llamado, elegido* y *presciencia* se utilizan en la Biblia para referirse a la acción de Dios en la salvación (Mr. 13.20, Jn. 13.18, Ro. 8.29-30, Ef. 1.4,1 Ts. 2.12, 2 Ts. 2.13, 1 P. 1.1-2). Estos términos y los contextos en los que aparecen son muy parecidos a la elección de Israel como el pueblo de Dios, y eso es exactamente lo que Dios se propuso. Así como Dios escogió a Israel sin ningún mérito propio, Dios elige a los creyentes del nuevo Israel sin ningún mérito propio.

Podemos quedar atrapados en los argumentos sobre la predestinación y eludir el punto central: Dios tomó la iniciativa en la salvación; Él eligió y llamó a cada creyente personalmente. Su ofrecimiento de la salvación es para todos; su llamamiento es para la raza humana entera. Cuando testificamos, muchos responden al llamamiento; cuando no testificamos, pocos responden. De ahí que participamos en el llamamiento de Dios al mundo. El hecho de que el llamamiento de Dios sea para todos ¿elimina su importancia? Si todos son llamados, ¿es mi llamamiento especial? Cuando usted pide a un grupo de creyentes que describan los acontecimientos que los llevaron a su experiencia de salvación, le dirán cómo utilizó Dios varios acontecimientos y experiencias para atraerlos hasta el punto de aceptar a Cristo. Algunos creyentes pueden discutir sobre la elección en abstracto, pero pocos discutirán sobre su propia experiencia. Todos sentimos que Dios actuó de acuerdo con nuestra situación personal para llevarnos a nuestras decisiones de salvación.

Pero elegir para la salvación es un llamamiento con propósito. En los textos previamente citados se añaden frases tales como "Para que fuésemos santos y sin mancha" (Ef. 1.4); "para que fuesen hechos conforme a la imagen de su hijo" (Ro. 8.29); "que anduvieseis como es digno de Dios" (1 Ts. 2.12). Parte de la gloria de ser elegido es que el Dios del universo quiere usarnos en su obra de redimir al mundo. Somos llamados a integrarnos a un nuevo reino, diferente de este mundo, donde nos relacionaremos de un modo diferente con Dios y las personas, y tendremos una misión diferente.

El apóstol Pablo tenía un sentido del destino divino. Creía que Jesús lo había salvado para un propósito, y quería ser todo aquello que Dios tenía en mente cuando lo tocó en el camino a Damasco. Cuando Jesús tomó a

> Los cristianos somos llamados a integrarnos a un nuevo reino, diferente de este mundo, donde nos relacionaremos de un modo diferente con Dios y las personas, y tendremos una misión diferente.

Pablo, rompió las ataduras de pecado y culpa del pasado, y lo comisionó para una nueva vida de servicio. Nosotros, también, somos llamados a servir a Dios. Nunca debemos olvidar que Dios nos ha llamado a ser como Jesús en carácter y servicio.

Adoptado por el Padre

En el Nuevo Testamento se utiliza un buen número de términos para describir la nueva relación originada por medio de la sangre de Jesús. *Adopción* es uno de ellos. No solo describe la salvación, sino una relación genuina establecida por medio de Cristo. Somos hijos e hijas de Dios (Ro. 8.15-17, Gá. 4.1-7). Esta nueva relación se describe en ningún lugar más claramente que en la Oración Modelo. Dirigirse a Dios como Padre fue una idea revolucionaria. Los judíos no osaban pronunciar el nombre de Dios, mucho menos llamarle padre. El Antiguo Testamento a veces se refiere a Dios como padre; pero la idea es que Él es el Padre de Israel. El término no se utiliza para referirse a la relación del individuo con Dios. En el Nuevo Testamento, gracias a lo que Cristo hizo, podemos llamar a Dios Padre. De hecho, *Abba*, la palabra que Jesús usaba para referirse a Dios, es una palabra íntima, como nuestra palabra *papi,* que es una palabra tierna.

La adopción como hijos de Dios tiene implicaciones enormes, y estas se expresan claramente en el Nuevo Testamento (Ro. 8.15-17). Como hijos e hijas adoptados, somos coherederos con Cristo. Participamos de la gloria de Cristo, con todas las maravillas que encierra. Nuestra adopción en la familia de Dios define nuestra salvación. Somos hijos e hijas de Dios; Dios se relaciona con nosotros como sus propios hijos. Él nos enseña, nos guía, nos forma, nos moldea, nos usa, nos bendice, nos protege, nos corrige y, como Padre divino, le complacen o entristecen nuestra respuestas.

Unión con Cristo

Otro término clave que refleja una experiencia real que viene con la salvación, es la *unión con Cristo*. Juan 14.20 declara una verdad poderosa: "En aquel día vosotros conoceréis que yo estoy en mi Padre, y vosotros en mí, y yo en vosotros". Pablo se refirió a los creyentes en Cristo en muchas ocasiones (Ro. 6.11,8.1; 2 Co. 5.17, Gá. 3.27, Ef. 2.10).

Juan 15.1-8 da la descripción de Jesús de esta unión como la de la vid con sus ramas. Estamos unidos a Cristo; su vida fluye a través de nosotros; de Él recibimos nuestro alimento; producimos los frutos que Él produciría. Esta unión con Cristo abarca todo lo que el creyente es y hace; todos pasamos a formar parte de un organismo vivo. La afirmación de Pablo en Gálatas 2.20 muestra la profundidad y el resultado de esta unión: "Con Cristo estoy juntamente crucificado, y ya no vivo yo, mas vive Cristo en mí; y lo que ahora vivo en la carne, lo vivo en la fe del Hijo de Dios, el cual

> *"Con Cristo estoy juntamente crucificado, y ya no vivo yo, mas vive Cristo en mí; y lo que ahora vivo en la carne, lo vivo en la fe del Hijo de Dios, el cual me amó y se entregó a sí mismo por mí".*
> *Gálatas 2.20*

me amó y se entregó a sí mismo por mí". Este versículo expresa el hecho dinámico de la unidad espiritual cristiana con el Cristo resucitado, lo que produce una energía inextinguible para cumplir el propósito de Dios. El poder de Dios sana, redime, limpia y perdona. Es una energía resplandeciente que fluye del Cristo redentor a los corazones de sus discípulos comprometidos.

Salvos y seguros

El término *seguridad eterna* significa lo mismo que *seguridad del creyente*. No significa que cualquiera que se una a una iglesia esté seguro. Se basa en la naturaleza bíblica de la salvación. Prediqué mi primer sermón de avivamiento en el lado Este de Tennessee, donde crecí. En varias ocasiones indagué acerca de la condición espiritual de ciertos individuos. Se me decía: "Él profesaba al Señor" o "Ella profesaba al Señor". Luego preguntaba si esa persona asistía a la iglesia, vivía para el Señor y lo servía. La respuesta era: "No, pero profesaba al Señor". Después de recibir esta respuesta sobre varios hombres y mujeres, me cansó la palabra "profesó", porque me di cuenta que tenía poco significado. Hebreos 4.14 nos exhorta a que "retengamos nuestra profesión". *Retener* significa *conservar, guardar, impedir que algo se elimine o desaparezca*.

Cuando una persona recibe a Cristo como su Salvador, recibe una garantía de que no se perderá otra vez (Jn. 3.16, 10.27-29, Fil. 1.5-6, 1 P. 1.5). La verdad de la seguridad eterna es un gran alivio. Nuestra salvación no depende de nuestras fuerzas, sino de la de Dios. Si dependiéramos de nosotros, la mayoría de nosotros estaríamos perdidos al final. Al darnos seguridad, Dios no viola nuestra voluntad. Como E.Y. Mullins lo señaló, Dios "no construye muros tanto como construye voluntades". [10]

La salvación genuina es una experiencia que cambia la vida. La persona que verdaderamente experimenta la gracia de Dios y compromete su vida con Cristo Jesús, perseverará. Debido a que el creyente tiene debilidades humanas, experimentará fracasos; pero el verdadero creyente percibirá la desaprobación de Dios respecto de sus malas acciones y se arrepentirá. En lo profundo del corazón del creyente sincero estará el deseo de agradar a Dios y tener compañerismo con Él.

Los bautistas rechazan la idea de caer de la gracia, porque esa visión no reconoce que Dios tiene el poder de sostener y guardar a los suyos. Los bautistas también rechazan la idea de que si una persona es salva, no importa cómo viva, puesto que la salvación depende solamente de Dios. Esta visión es falsa.

La seguridad eterna debe interpretarse a la luz de lo que la Biblia enseña. La salvación es por gracia. Dios ofrece el perdón de pecado y propicia una nueva vida en Él. Dios da, sustenta y completa la salvación, por su gracia. Estamos en las manos de Dios, y sus manos son muy fuertes.

Dios tiene el poder de salvar y guardar con seguridad a quienes confían en Él.

CAPÍTULO 4

LA VIDA CRISTIANA

El nacimiento de un niño es un acontecimiento muy importante para la familia, y con la llegada de esta nueva vida, ocurren muchos cambios en el hogar. El amor y atención dados por la madre, el padre, los hermanos y las hermanas requieren tiempo y energía. Pareciera como si el horario de la familia estuviera determinado por el bebé. Todos comprenden que este recién nacido demanda una atención total durante los primeros meses de su vida. Aun cuando el bebé comienza a crecer y a aprender, un largo camino espera adelante. El crecimiento, sin embargo, constituye una expectativa; es la meta de la vida.

El cristiano recién nacido también debe crecer. La experiencia de la salvación, el nuevo nacimiento, es un acontecimiento que cambia la vida. En muchas maneras, el nuevo cristiano es un infante. La meta de todo cristiano recién nacido es convertirse en un discípulo de Jesús, maduro, que rinda al máximo. Esto significa el crecimiento en la vida cristiana.

La Biblia tiene mucho que decir acerca de la vida cristiana. Los cristianos tienen privilegios, oportunidades y responsabilidades. Como sacerdote de Dios, todo creyente tiene un ministerio que realizar. De ahí la importancia de leer las Escrituras para encontrar la dirección de cómo crecer en la vida cristiana.

Sacerdotes y templos de Dios

La cristiandad empezó como un movimiento de laicos. Aun los líderes de las primeras iglesias eran laicos, y a todos los creyentes se les alentaba por igual para ejercer sus dones espirituales. A medida que pasó el tiempo, la iglesia comenzó a dividir a la gente en dos clases: el clero y los laicos. Esta división se hizo en los inicios de la historia de la iglesia, y el surgimiento del clericalismo pronto relegó al laico dejándole desempeñar solo un rol de espectador en el ministerio de la iglesia.

Esta división entre cristianos no es bíblica; todos los cristianos son iguales ante Dios. Uno no puede leer los libros de Hechos y Efesios 4.11-13 sin reconocer que cada cristiano es un ministro. Este es un concepto esencial en la doctrina del Nuevo Testamento sobre el sacerdocio de los creyentes. Tres puntos principales de la doctrina del sacerdocio de los

"Vosotros también, como piedras vivas, sed edificados como casa espiritual y sacerdocio santo, para ofrecer sacrificios espirituales aceptables a Dios por medio de Jesucristo...Mas vosotros sois linaje escogido, real sacerdocio, nación santa, pueblo adquirido por Dios, para que anunciéis las virtudes de aquel que os llamó de las tinieblas a su luz admirable".
1 Pedro 2.5,9

creyentes son: 1) La igualdad de todos los creyentes ante Dios. 2) El derecho de cada persona a tener acceso directo al Padre. 3) La responsabilidad de cada creyente de ejercer el ministerio de acuerdo con sus dones. Esta doctrina fue reavivada durante la Reforma, pero los conceptos no se desarrollaron completamente en ese tiempo.

El sacerdocio de los creyentes siempre ha sido importante para los bautistas. Desde los inicios de su historia, los bautistas han insistido en el derecho de toda persona a tener acceso directo a Dios, y en la responsabilidad de todo creyente para ministrar a otros.

Después de la Segunda Guerra Mundial se produjo un renacimiento del movimiento laico. Escritores de diferentes denominaciones y grupos nos recordaron que no es suficiente que los laicos repartan los boletines de la iglesia y recojan las ofrendas el domingo por la mañana. Puesto que todos los creyentes han sido llamados por Dios para ministrar, el laico no puede pagarle a otra persona para que realice su ministerio. Cada persona es responsable ante Dios por cómo ejerce la mayordomía de los dones espirituales y no puede cumplir el ministerio asignado por Dios a través de un apoderado.

Un pasaje clave que se refiere al sacerdocio de los creyentes es 1 Pedro 2.9-10: "Mas vosotros sois linaje escogido, real sacerdocio, nación santa, pueblo adquirido por Dios, para que anunciéis las virtudes de aquel que os llamó de las tinieblas a su luz admirable; vosotros que en otro tiempo no erais pueblo, pero que ahora sois pueblo de Dios; que en otro tiempo no habíais alcanzado misericordia, pero ahora habéis alcanzado misericordia". Este pasaje de las Escrituras da una descripción profunda del pueblo de Dios. Pedro utilizó los términos del Antiguo Testamento para describir las características de los santos del Nuevo Testamento. El término *linaje escogido* se refiere a una raza seleccionada de un pueblo elegido.

> Así como Dios escogió a los judíos para que fueran luz a los gentiles, Él escogió a la iglesia, como una compañía de creyentes, para que fueran sus siervos.

Así como Dios escogió a los judíos para que fueran luz a los gentiles, Él escogió a la iglesia, como una compañía de creyentes, para que fueran sus siervos. El cristiano es parte de un *real sacerdocio*, un pueblo al que se le permite venir a la presencia de Dios con peticiones y sacrificios. Dios ha llamado a los cristianos para formar una *nación santa*, una nación apartada para el servicio de Dios. Pablo utilizó la frase descriptiva "un pueblo propio" (Ti. 2.14), para indicar que el pueblo de Dios es únicamente suyo y ha de realizar el trabajo y la voluntad de Él.

Estos términos, enraizados en el Antiguo Testamento, se desarrollaron básicamente en el Nuevo Testamento. La verdad de que todos los creyentes son sacerdotes, todos iguales entre sí, ha sido una de las doctrinas más distintivas de los bautistas desde nuestros inicios. Esta doctrina ha iluminado nuestra interpretación de toda otra doctrina y conforme hemos desarrollado nuestra política, la forma de realizar el trabajo en nuestras iglesias, el sacerdocio de los creyentes ha moldeado a nuestra iglesia local y a la estructura denominacional.

Esencialmente, toda persona que acepta a Cristo como su Salvador se convierte en coheredero de Jesús. Esto significa que todos los creyentes son absolutamente iguales. El Nuevo Testamento expresa esta igualdad con los términos *sacerdotes* y *sacerdocios*. Como hermanos de Jesús, somos un reino (Ap. 1.6, 5.10).

El sacerdocio de los creyentes significa que representamos a Dios ante otras personas. Cada uno de nosotros tiende un puente entre Dios y las otras personas a medida que ministramos y testificamos en su nombre. Como sacerdotes, podemos ofrecer sacrificios de nuestra vida al testificar, orar, interceder en oración, dar, ministrar, visitar y ayudar. Nuestro sacerdocio también significa que el creyente puede venir a la presencia de Dios por sí mismo, sin la necesidad de otros sacerdotes o intermediarios de cualquier tipo, excepto Cristo Jesús. Este imponente privilegio solo pudo ser porque Dios hizo un nuevo pacto con nosotros a través de su Hijo, Jesús. El libro entero de Hebreos enfatiza este derecho y privilegio de los creyentes, asegurando que podemos venir con confianza ante el trono de la gracia (He. 4.16).

ACTIVIDAD PERSONAL DE APRENDIZAJE 1

Relacione los siguientes:

____ Todos somos iguales ante Dios   a. Responsabilidad

____ Todos tenemos acceso directo   b. Privilegio
       a Dios

____ Todos representamos a Dios ante   c. Oportunidad
       los hombres

Romanos 12.1 contiene una frase inusual que es difícil traducir: *culto racional*. La palabra griega *latreian* se traduce culto. Se refiere a rituales religiosos llevados a cabo por los sacerdotes. En tiempos del Antiguo Testamento, los sacerdotes ofrecían sacrificios y ofrendas al Señor. Después que Jesús se ofreció a sí mismo como el supremo sacrificio, dejó de existir el sistema de sacrificios. Jesús, el "Cordero de Dios", ha pagado el precio completo de nuestra redención (Jn. 1.29). No existe más la necesidad de que los sacerdotes ofrezcan sacrificios en el altar. Todos los creyentes son sacerdotes, y nuestro trabajo sacerdotal es sacrificarnos a nosotros mismos en el servicio a Cristo, poniendo voluntariamente nuestro cuerpo en el servicio. Nuestro culto racional es darnos a nosotros mismos como sacrificio vivo, santo y agradable a Dios.

Cuando examinamos los textos del Nuevo Testamento que reflejan las comparaciones con el sistema judío de sacrificios, el concepto de que

El sacerdocio de todos los creyentes es un tema dominante en el Nuevo Testamento.

todos los creyentes son sacerdotes se revela como un tema dominante en el Nuevo Testamento. La frecuente referencia a los cristianos como templos demuestra la misma verdad. Existen referencias al pueblo de Dios como templo en tres formas: 1) El creyente, como individuo, es un templo (1 Co. 6.19). Esto tiene implicaciones profundas con respecto a la forma en que vivimos como individuos cristianos. Puesto que nuestros cuerpos son templos, no debemos profanar el templo con una forma de vida no santa. 2) La iglesia local es un templo (1 Co. 3.16-17). Esto significa que una iglesia es mucho más que una organización. Toda iglesia, sin importar su tamaño, es una comunidad de adoración y servicio a Dios. 3) Todos los miembros del pueblo de Dios constituyen un templo (Ef. 2.21). Dios mora en su pueblo. Somos su santo pueblo. Esta es otra forma de darnos cuenta que Dios hace su trabajo en el mundo, a través de su pueblo, sobre el cual su nombre es invocado (2 Cr. 7.14).

ACTIVIDAD PERSONAL DE APRENDIZAJE 2

¿En qué formas se refiere el Nuevo Testamento al pueblo de Dios como templo?

_____

_____

_____

Los creyentes son el templo de dios, el *naos* donde mora su presencia.

La palabra griega *hieron* significa *toda la construcción del templo; naos* se traduce *lugar santísimo*. Cuando se rasgó el velo de arriba abajo (Mt. 27.51) y la pared de separación fue destruida (Ef. 2.14), se produjeron dos resultados trascendentales; no solo se hizo posible el acceso total y libre para todos los que creyeran, sino también cada creyente se convirtió en la morada especial de Dios. Usted y yo somos el *naos* de Dios, el lugar donde mora su presencia. La iglesia local es el *naos* de Dios, el lugar donde mora su presencia. El pueblo de Dios como un todo es el *naos* de Dios, el lugar donde mora su presencia. Podría causarnos vergüenza el ver cuán poco reflejamos la presencia de Dios en nosotros, pero esta es la verdad. Esa realidad es la razón por la cual Dios nos salvó; esa realidad es de la que Dios nos hace responsables, y esa realidad es lo que significa el sacerdocio de los creyentes.

Pedro expresa esa verdad llamando a los creyentes *piedras vivas*, edificados como *casa espiritual* (1 P. 2.5). Pablo utilizó imágenes semejantes en Efesios 2.19-22. El Templo erigido en Jerusalén se formó con piedras rectangulares enormes. El historiador judío Josefo registró que Herodes no permitió el sonido de un martillo o cincel en el área del templo. A cada piedra se le dio la forma exacta en la mina para cumplir con las especificaciones del lugar que ocuparía en el Templo. Eso es lo que Cristo desea hacer con nosotros. Cada uno de nosotros tiene un lugar en la casa espiritual que Cristo está construyendo. Al rendirnos a Él, asumiendo nuestro sacerdocio seriamente, le permitimos a Cristo darnos la forma para que encajemos en su plan.

Santificación y crecimiento

Los creyentes son descritos como *hijos obedientes* (1 P. 1.14). No debemos permanecer como bebés en Cristo, pero tampoco nos saltaríamos la niñez. Primera de Pedro 1.14-15 describe la obediencia: "No os conforméis a los deseos que antes teníais estando en vuestra ignorancia; sino, como aquel que os llamó es santo, sed también vosotros santos en toda vuestra manera de vivir".

La *santificación* se refiere al proceso del crecimiento cristiano. Significa *ser apartado, ser santo*. Como la *salvación*, la palabra *santificación* en realidad comprende tres aspectos. Somos santificados (apartados) en el momento de la salvación, por lo que todo creyente es santo. Si estamos creciendo, nos hallamos en el proceso continuo de santificación (estamos siendo santos). Finalmente, nuestra santificación será completada (seremos santos) cuando nos encontremos con Cristo en la eternidad. Los bautistas no creen que alguien alcance la santificación absoluta (perfección sin pecado) en esta vida, aunque la perfección es una meta por la cual luchamos.

Mateo 6.33 ordena: "Mas buscad primeramente el reino de Dios y su justicia, y todas estas cosas os serán añadidas". Jesús tiene prioridades para la forma como vivimos nuestra vida, aunque muchas cosas reclaman nuestra atención. Necesitamos aprender a través del estudio de las Escrituras cómo determinar qué es importante en la vida. La vida es más importante que las posesiones materiales (véase Lc. 12.15). Se nos ordena ser fuertes en el poder de Dios (Ef. 6.10) y vivir con conciencia de nuestra responsabilidad ante Él (Ro. 14.12).

El libro de Charles Sheldon *En sus pasos* provocó un gran impacto en mi vida. Me abrumó el concepto de la pregunta que planteaba: *¿Qué haría Jesús?* Me inspiró a tratar de seguir su ejemplo.

La meta de la vida cristiana, expresada bellamente por Pablo en Filipenses 3.10-13, continúa siendo nuestra meta hoy: "A fin de conocerle, y el poder de su resurrección, y la participación de sus padecimientos, llegando a ser semejante a él en su muerte, si en alguna manera llegase a la resurrección de entre los muertos. No que lo haya alcanzado ya, ni que ya sea perfecto; sino que prosigo, por ver si logro asir aquello para lo cual

"A fin de conocerle, y el poder de su resurrección, y la participación de sus padecimientos, llegando a ser semejante a él en su muerte".
Filipenses 3.10

fui también asido por Cristo Jesús". En este pasaje de las Escrituras Pablo nos dio nuestra mayor razón para creer. Usted podría pensar que después de tantos años de servir a Cristo, Pablo habría comprendido por completo a Jesús y la vida cristiana. Pero él sabía que el crecimiento era un proceso continuo.

Conocer a una persona es mucho más que saber algo acerca de ella. Saber algo sobre una persona tiene valor, pero conocerla tiene vitalidad. El verbo *conocer* indica una noción fundamentada en la experiencia personal. Felipe tradujo el pensamiento de Pablo como tratar de asir "aquello para lo cual fui también asido por Cristo Jesús" (v. 12). Conocer a Cristo es comprender el propósito para nosotros en el plan de Dios. El deseo de Pablo era cumplir todo lo que Dios había planificado para él.

Pablo confesó que no había alcanzado la madurez completa. La traducción Reina-Valera usa la palabra "perfecto" en el versículo 12. Pero una traducción más clara sería *completo, maduro*. Obsérvese la magnífica obsesión de Pablo en los versículos 13 y 14: "Hermanos, yo mismo no pretendo haberlo ya alcanzado; pero una cosa hago: olvidando ciertamente lo que queda atrás, y extendiéndome a lo que está delante, prosigo a la meta, al premio del supremo llamamiento de Dios en Cristo Jesús". Esta clase de compromiso produce madurez. El cristiano está en desarrollo, no permanece estático, crece continuamente hasta llenar su propósito. Pablo estaba cautivado por la misión, el sueño y la visión que Dios le dio. No quería decepcionar a Jesús dejando de cumplir el propósito para el cual había sido salvado. Como un deportista en una carrera, con el pasado detrás de él y la meta por delante, Pablo se esforzaba para alcanzarla.

Efesios 1.15-20 registra la bella oración de Pablo para los cristianos de Éfeso: "Por esta causa también yo, habiendo oído de vuestra fe en el Señor Jesús, y de vuestro amor para con todos los santos, no ceso de dar gracias por vosotros, haciendo memoria de vosotros en mis oraciones, para que el Dios de nuestro Señor Jesucristo, el Padre de gloria, os dé espíritu de sabiduría y de revelación en el conocimiento de él, alumbrando los ojos de vuestro entendimiento, para que sepáis cuál es la esperanza a que él os ha llamado, y cuáles las riquezas de la gloria de su herencia en los santos, y cuál la supereminente grandeza de su poder para con nosotros los que creemos, según la operación del poder de su fuerza, la cual operó en Cristo, resucitándole de los muertos y sentándole a su diestra en los lugares celestiales".

Esta oración de Pablo incluye algunas peticiones importantes que se relacionan con todos los creyentes. Primero, Pablo oró por que los cristianos tuvieran el espíritu de *sabiduría y revelación* (v. 17). La palabra griega *sophia* significa *sabiduría*. Esta palabra se refiere a la comprensión práctica que viene como regalo de Dios. En el contexto de este versículo se refiere a comprender la revelación que Dios ha dado de sí mismo.

Después Pablo oró pidiendo que los ojos de su entendimiento fueran alumbrados (véase v.18). Las realidades internas, que son captadas por el

---

El propósito de la vida para un hijo de Dios es conocer a Cristo y hacer su voluntad.

entendimiento, solo pueden ser comprendidas cabalmente a través del yo espiritual. De ahí que Pablo pida que el entendimiento sea alumbrado. Las realidades que Pablo quería que los efesios vieran son: "La esperanza a que Él os ha llamado, y cuáles las riquezas de la gloria de su herencia en los santos, y cuál la supereminente grandeza de su poder para con nosotros los que creemos según la operación del poder de su fuerza" (vv.18-19). Pablo no explicó en qué consiste la esperanza a que hemos sido llamados, pero la idea parece referirse a la esfera total del logro espiritual que Dios ha hecho posible para nosotros. La herencia que se menciona es el patrimonio del pueblo de Dios, la superabundancia de los dones que Dios da a su pueblo. El incomparable poder que se menciona en el versículo 19 es el poder de Dios que levantó a Jesús de los muertos y lo exaltó a los lugares celestiales (v.20). La palabra griega que se traduce como "poder" en este versículo es *dunamis*. Significa poder, tener posibilidad de, fortaleza y fuerza. En español la palabra dinamita se deriva de esta palabra. La sorprendente verdad es que este poder está al alcance de quienes "creemos" (v.19).

El objetivo de todo lo que Dios nos ha dado, es cumplir su propósito en nuestras vidas. Una frase del versículo 17 resume la meta de la vida cristiana: "Os dé espíritu de sabiduría y revelación en el conocimiento de él" (v.17).

ACTIVIDAD PERSONAL DE APRENDIZAJE 3

Enumere las tres fases de la santificación:

_____,

_____ y _____.

¿Dónde se encuentra usted en la segunda fase?

_____

Llamado para una vida fructífera

Así como los dones del Espíritu acondicionan al cristiano para el servicio, el fruto del Espíritu da sentido a la vida cristiana. Gálatas 5.22-23 da una descripción del fruto del espíritu: "Mas el fruto del Espíritu es amor, gozo, paz, paciencia, benignidad, bondad, fe, mansedumbre, templanza". En los versículos anteriores, Pablo enumeró lo que llamamos las obras de la carne (Gá. 5.19-21). No es una lista muy atractiva. Incluye la mayoría de los

El fruto del Espíritu se produce en la vida de un cristiano mediante el poder del Espíritu Santo.

actos y emociones más destructivos. El contraste entre los actos de la naturaleza pecaminosa y el fruto del espíritu es tajante. El mal tiene su origen en lo peor de la naturaleza humana. Por otro lado, las cualidades redimidas positivas incluidas entre los frutos del Espíritu tienen su origen en el Espíritu.

Otro contraste se encuentra en el hecho de que el mal es resultado de muchos actos (plural), mientras el bien es solo un fruto (singular). Solo existe una fuente del bien. Esa fuente es Dios. El fruto tiene varias manifestaciones —pero es todo fruto del Espíritu. Esto sugiere que solo el Espíritu puede producir las buenas cualidades mencionadas en Gálatas 5.22-23. No son resultado del esfuerzo humano. Son producidas desde adentro por el Espíritu Santo, así como el fruto de un árbol saludable proviene de la vitalidad y vida del árbol. La verdad es que si nuestra vida se caracteriza por el fruto del Espíritu, tal fruto tendrá que haber sido producido desde adentro por el Espíritu de Dios. La obra del Espíritu en la vida de los cristianos se manifestará en el fruto del Espíritu.

¿Cuáles son las manifestaciones del fruto del Espíritu? En estos versículos Pablo dio una lista de rasgos bellos que caracterizan a una vida controlada por el Espíritu. La primera es el amor. La palabra griega es *ágape*, la palabra usada en el Nuevo Testamento para describir el tipo de amor de Dios. El amor de Dios da gran valor a los seres humanos e implica un cuidado de ellos, aun al punto de un gran sacrificio. Es un amor que nunca falla y nunca termina (1 Co. 13.8). También es un amor redentor que nunca se rinde. Muchos matices y clases de amor operan en la experiencia humana. A menudo usamos la palabra *amor* de un modo superficial. Pero el Espíritu produce como fruto un amor *ágape* en los creyentes. Esto no es natural o normal para nosotros. No es producto de nuestra naturaleza humana. Lo crea desde adentro el Espíritu Santo.

La segunda cualidad de vida que el Espíritu produce en nosotros es el gozo. La palabra griega es *chara*. Esta palabra tiene la misma raíz que *charis*, la bella palabra que traducimos *gracia*. Este gozo significa más que aquellos periodos pasajeros de felicidad que todos los humanos experimentan. Es un don que produce como resultado una vida de buena voluntad, generosidad y alegría. Este gozo también perdona y supera, aun frente al rechazo y en la peor de las circunstancias. Es una alegría incomparable que no acepta barreras. Tal gozo puede ser nuestro si es creado desde adentro por el Espíritu Santo. He visto a cristianos expresar este gozo en los tiempos más difíciles. No surge por el poder humano, y las dificultades humanas no pueden destruirlo.

La tercera expresión del fruto del Espíritu es la paz. *Paz* es la traducción de la palabra griega *eirene*, que significa *bienestar total*. Encierra la idea de las relaciones correctas con Dios y la justicia entre la gente. El fruto de la paz no crea inmunidad a los conflictos y tormentas. Representa mucho más que escapar de los problemas. Es un guardián de la mente y el corazón que va más allá de la comprensión humana (Fil. 4.7). Es la paz prometida

El fruto del Espíritu se manifiesta en una vida similar a la de Cristo.

por Jesús, una paz que el mundo no puede dar, una paz que vence los problemas y el temor (Jn. 14.27).

La siguiente característica del fruto del Espíritu es la paciencia. La palabra griega es *makrothumia,* que encierra la idea de estar bajo control. No es estoicismo, ni resignación sin esperanza. Es una paciencia que obra hacia una meta o propósito. El Espíritu Santo crea una cualidad dentro de los cristianos, dando a la vida un propósito y haciéndola efectiva.

Bondad es una expresión del fruto del Espíritu, también. La palabra griega, *chrestotes,* significa *bondad, honestidad* y *amabilidad.* Esta cualidad del carácter de Cristo, de relacionarse con otros la produce en los cristianos el Espíritu Santo.

Bondad es la traducción de *agathosune.* Pablo utilizó esta palabra cuando expresó su confianza en que los romanos cristianos estaban "llenos de bondad" (Ro. 15.14). Significa *justicia* y *amabilidad,* así como *bondad.* La idea es una bondad positiva, activa.

Otro rasgo del carácter cristiano producido por el Espíritu Santo es la fidelidad. La palabra griega es *pistis.* La palabra significa *fe* y *fidelidad,* pero fidelidad es mejor en este contexto. En realidad es fe activada por el amor. Pablo es un ejemplo de esta cualidad. Su fe en Cristo lo llevó a una fidelidad estable a Cristo. Esto fue demostrado una y otra vez durante los años del ministerio de Pablo. Cuando se despedía de sus amigos en Éfeso, expresaba esta actitud de fidelidad: "Pero de ninguna cosa hago caso, ni estimo preciosa mi vida para mí mismo, con tal que acabe mi carrera con gozo, y el ministerio que recibí del Señor Jesús, para dar testimonio del evangelio de la gracia de Dios" (Hch. 20.24).

La fe de Pablo se expresó en la fidelidad. Esta cualidad, dada por el Espíritu, mantiene a los cristianos firmes mientras sirven a Jesús a través de los tiempos de cambio.

Gentileza se deriva de la palabra griega *prautes.* Es la palabra que se traduce *manso* en "Bienaventurados los mansos, porque ellos recibirán la tierra por heredad" (Mt. 5.5). Esta es también la palabra que utilizó Jesús en Mateo 11.29 : "Soy manso y humilde de corazón". Tiene que ver con modestia y cortesía. La persona genuina no será arrogante ni jactanciosa. En cambio, tendrá un sentido correcto de sí misma y actuará amablemente hacia los otros. No es debilidad. Al contrario, una gran fortaleza acompaña a la gentileza. El Espíritu Santo produce esta cualidad en la vida de los creyentes.

La última evidencia de los frutos enunciados por Pablo es el autocontrol. La palabra griega es *egkrateia.* Algunas veces se traduce *templanza,* pero su significado es mucho más amplio que eso. Tiene que ver con dominio de sí mismo. No debe entenderse en un sentido estoico. El autocontrol no es un fin en sí mismo. En el sentido en que Pablo lo entendió, era la vida bajo el control de Cristo (Gá. 2.20). Esta forma disciplinada de vivir es generada por el Espíritu Santo y sostenida por Él.

Al final de la lista del fruto del Espíritu, Pablo añadió: "Contra tales

El fruto del Espíritu es sobrenatural. Las manifestaciones del fruto no pueden ser producidas por el esfuerzo humano.

cosas no hay ley" (Gá. 5.23). ¿Cómo podría existir alguna ley contra esta manera de vivir? Sin embargo, debemos recordar que estos rasgos describen la clase de vida que Jesús vivía y fue odiado y combatido por las fuerzas del mal. Pablo no quiso decir que la vida controlada por el Espíritu haría al cristiano inmune a la oposición. En cambio, señaló a esta clase de vida como positiva y redimida. Ninguna falla legítima puede encontrarse en la clase de vida semejante a la de Cristo.

El fruto es "del Espíritu". Es sobrenatural. No es creado por el esfuerzo humano sino por el poder milagroso del Santo Espíritu. El papel del creyente es sujetarse al control del Espíritu.

Llamados a la perseverancia

El libro de Hebreos nos advierte sobre los peligros de no crecer en Cristo. Hebreos 3.13 nos da instrucciones de "exhortarnos los unos a los otros cada día" para prevenir esta clase de peligro. El cristiano nunca debe dar por sentada su relación con Dios. Si somos verdaderos creyentes, no estamos sujetos a perder nuestra salvación, pero estamos sujetos a la tragedia de no identificar la voluntad de Dios para nuestras vidas. Como los hijos de Israel, podemos languidecer en el desierto, aunque hayamos sido liberados de la esclavitud (He. 3.8-9,15). Este pasaje retrocede a la rebelión de los israelitas en Meribá (Éx. 17.1-7), el lugar del desierto que se convirtió para siempre en el sitio de la rebelión hebrea contra Dios.

Los israelitas tuvieron la oportunidad de heredar la tierra prometida no mucho tiempo después que dejaron el Sinaí. Enviaron espías a la tierra pero se volvieron temerosos y desconfiaron de Dios cuando los espías regresaron con su información. Como resultado, caminaron por el desierto durante 40 años, hasta que toda la generación adulta que no creyó y desconfió de Dios murió; todos, excepto los dos creyentes, Caleb y Josué. La incredulidad del pueblo lo excluyó del privilegio de conocer la voluntad de Dios para sus vidas (Dt. 1.26-36).

Hebreos 3.14 nos desafía a asirnos firmemente de la fe que teníamos cuando primero caminamos con Jesús. Este es un llamado para recobrar el gozo de la salvación.

Hebreos 5.11 a 6.3 es un llamado a la madurez espiritual. El escritor de Hebreos habló de aquellos que eran "tardos para oír" (v. 11), gente tan inmadura que necesitaba leche, no alimento sólido (v.12). Eran infantes en cuanto a la madurez espiritual se refiere (v.13). No usaban su mente ni su corazón. Algunos habían sido cristianos durante el tiempo suficiente para desarrollar la madurez de enseñar a otros, pero estaban en constante proceso de reciclaje. Un cristiano actual que descuida el estudio bíblico, la oración y el ministerio tiene que reciclar las bases doctrinales de la fe para restablecer una base que haya sido erosionada por el desuso. La santificación no es un asunto de envejecer; es un asunto de estudiar, orar, servir y dar al Señor. Pablo luchó con este problema al ministrar a los corintios (1 Co. 3.2). Hebreos 6.1-2 subraya la importancia del crecimiento y el desarrollo. Comprender lo que la Biblia enseña acerca de los temas clave es esencial para el buen discipulado.

Los cristianos que no crecen en Cristo enfrentan el peligro de que su fe se debilite cada día más, hasta extinguirse para siempre. "Mirad" (Hebreos 3.12) bien podría traducirse "cuidado", puesto que el texto advierte a los creyentes que no tengan corazones incrédulos, malos. La palabra griega *aphistemi* se traduce "apartarse de"; de ella se deriva la palabra *apostasía*. Esta palabra ha llegado a significar *perder la fe*. Sin embargo, la palabra en el primer siglo significó *apartarse de la fe*. Los lectores estaban en peligro de permitir que la persecución debilitara su fe, y que esa fe débil les ocasionara rebelarse o alejarse de Dios.

El peligro de resbalar se analiza en Hebreos 6.4-10. *Iluminados* se refiere aquí a aquellos que han venido de la oscuridad a la luz. Si este texto se refiriera a la pérdida de la salvación, enseñaría que después de haber caído una vez una persona nunca volvería a tener la posibilidad de la salvación.

En consejería, he visto familias cristianas apartarse por la inmoralidad del cónyuge, un hijo o una hija. Muchos son cristianos que viven fuera de la voluntad de Dios como si nunca tuvieran que considerar a los demás y solo a ellos mismos. Algunos han destrozado sus vidas por la rebelión contra Dios y la familia.

Recaer, en griego *parapesontas*, significa caer a un lado, hacerse a un lado, pararse a un lado de algo. El comentarista A.T. Robertson insistió que no se puede suavizar el tono de la expresión porque la construcción griega niega constantemente la renovación de los apóstatas.[1] Este es un pasaje difícil y puede ser abordado solo si se toma en el contexto de todo Hebreos. El libro enfatiza la certidumbre de la salvación porque es provista por Cristo, quien todavía vive e intercede por nosotros. Es importante, también, que entendamos el contexto histórico probable del libro de Hebreos. Era tiempo de una persecución intensa en el cual la gente se veía presionada a negar a Cristo a fin de salvar su vida. Aquellos que negaran a Cristo lo estarían crucificando, compartirían la suerte de aquellos que lo crucificaron y en consecuencia serían identificados con los enemigos de Cristo. Estos infieles no podrían continuar en la iglesia. Habían demostrado que Jesús no era su Señor. Hebreos 6.9-12 claramente afirma la confianza del autor en la salvación de sus lectores. Los versículos 4-6 deben interpretarse en este contexto.

Sin embargo, el texto demuestra que negamos seriamente a Cristo cuando resbalamos, cuando de hecho y palabra negamos la gracia salvadora que Cristo fraguó en nuestras vidas. El escritor enumera las bendiciones y discernimientos de la fe: iluminar, probar los dones de Dios, compartir el poder y la presencia del Espíritu Santo, probar la buena Palabra de Dios, probar el sabor de los poderes de la siguiente era. Ser infiel después de experimentar aquellas bendiciones es un pecado terrible; todo creyente debe darse cuenta de la magnitud de tal culpa.

> **Los cristianos que no creen en Cristo enfrentan el peligro de que su fe se debilite cada día más.**

> **El cristiano infiel se halla en una carrera hacia el desastre espiritual.**

El gran peligro que discute Hebreos en este texto es ser descalificado para el servicio, no ser útil en el reino de Dios. Pablo habló de este mismo problema en 1 Corintios 9.24-27. Comparó la vida cristiana a un atleta que corre su carrera. Su finalidad, junto con muchos otros textos del Nuevo Testamento, es demostrar que la perseverancia es una prueba válida de la salvación. El texto de Hebreos establece una proposición diferente con casi el mismo efecto, que el cristiano infiel se halla en una carrera hacia el desastre; por tanto, debe volverse a poner en contacto con la maravillosa presencia de Cristo y comprometer de nuevo su vida con Él. Aunque Pablo sabía que sus lectores no recaerían (He. 6.9, 10.38-39) porque estaban anclados en Cristo mismo (6.17-20), les advirtió que no tomaran la salvación a la ligera.

Las vidas de quienes recaen traen vergüenza a Cristo y a su obra de redención. El comportamiento de estos eleva nuevamente a Jesús desnudo y clavado en la cruz. Este texto de Hebreos tal vez pueda contener las palabras más ásperas registradas en el Nuevo Testamento. Dios no toma a la ligera el comportamiento de los cristianos que le traen vergüenza.

Hebreos 6.7-8 presenta un contraste entre la tierra que produce un cultivo fructífero y tierra que solo produce espinas y cardos. Las vidas de los cristianos desobedientes presentan una imagen al mundo de un campo inútil, infestado de espinas. Esta es una negación terrible de lo que significa ser un cristiano.

Durante la Segunda Guerra Mundial, un hombre fue arrestado por Hitler. Su cuerpo fue destrozado debido a una tortura excesiva al punto de causarle la muerte, pero los torturadores no pudieron destrozar su espíritu. Finalmente, lo enviaron a un campo de concentración donde existían condiciones terribles. Ahí permaneció hasta que los aliados lo liberaron. Salió con las manos, brazos y pies mutilados, pero salió con la cabeza en alto porque los nazis no habían podido destruir su espíritu. Más tarde, se enteró que había sido su propio hijo quien lo había entregado a la Gestapo. Dos semanas después, el dolor le ocasionó la muerte. No fue el tormento, ni la tortura del enemigo, sino la traición de su hijo, lo que destruyó su espíritu y lo llevó a la muerte. Aun en la actualidad, nuestro Señor Jesucristo es humillado ante el mundo y crucificado otra vez por los cristianos que no tienen fe.

El escritor de Hebreos expuso claramente a los lectores que esperaba que no fallaran. Expresó su confianza en ellos con estas palabras: "Oh amados, estamos persuadidos, de cosas mejores, y que pertenecen a la salvación, aunque hablamos así". (Hebreos 6.9). Dios nos llama a vivir de una manera responsable, fructífera que evidencie su obra en nuestras vidas.

Dios llama a su pueblo a una manera fiel de vivir que glorifique su nombre.

ACTIVIDAD PERSONAL DE APRENDIZAJE 4

A continuación escriba V si la afirmación es verdadera o F si es falsa.

____ La división entre clero y laicos es un concepto bíblico.

____ Todo cristiano es un ministro.

____ Como cristianos todos hemos recibido dones para el ministerio.

____ Alcanzamos la perfección mediante nuestros propios esfuerzos.

____ La obra del Espíritu manifiesta el fruto del Espíritu.

____ El papel del creyente al cultivar el fruto del Espíritu es continuar el esfuerzo requerido.

____ No corremos el peligro de perder nuestra salvación, sino de no poder identificar la voluntad de Dios para nuestras vidas.

____ La santificación crece con la edad.

____ Negamos a Cristo cuando nuestra vida diaria y nuestras palabras denotan una manera de vivir distinta a la de Cristo.

____ La perseverancia no es una prueba válida de la salvación.

____ El cristiano que no crece está en peligro de vivir una vida que humille a Cristo.

CAPÍTULO 5

LA IGLESIA

Uno de los eventos más dramáticos de todos los tiempos ocurrió en un lugar llamado Cesarea de Filipo. Jesús preguntó a su seguidores: "¿Quién dicen los hombres que es el hijo del Hombre?" (Mt. 16.13). Los discípulos dieron varias respuestas: Juan el Bautista, Elías, Jeremías, uno de los profetas. Debe haberse suscitado una gran especulación sobre quién era Jesús. Luego Jesús hizo la pregunta pertinente: "Y vosotros, ¿quién decís que soy yo?" Pedro respondió por el grupo: "Tú eres el Cristo, el Hijo del Dios viviente" (v. 16). Nos referimos a esta declaración de Pedro como la gran confesión. Hasta donde sabemos por las Escrituras, esta fue la primera vez que los discípulos habían confesado a Jesús como el Cristo. La respuesta de Jesús fue entusiasta: "Bienaventurado eres, Simón, hijo de Jonás, porque no te lo reveló carne ni sangre, sino mi Padre que está en los cielos. Y yo también te digo, que tú eres Pedro, y sobre esta roca edificaré mi iglesia; y las puertas del Hades no prevalecerán contra ella" (vv. 17-18). En esta declaración a Pedro, Jesús habló de su iglesia por primera vez. El término español *iglesia* proviene de la palabra griega *ekklesia*. Esta palabra, que aparece más de cien veces en el Nuevo Testamento, se refiere a una asamblea reunida con un propósito específico. A veces se le utilizó para referirse a una asamblea política en una ciudad-estado romana. Cuando se menciona en el Nuevo Testamento, se refiere a los llamados, a aquellos que habían sido llamados por Dios para adorar y servir a Cristo,

    ¿Cuál era la roca sobre la cual Jesús prometió construir su iglesia (Mt. 16.18)? Esta pregunta ha sido el centro de mucha discusión entre los cristianos. Algunos afirman que Pedro es la roca sobre la cual Jesús construyó su iglesia. Los bautistas y otros protestantes cristianos no aceptan esta interpretación. Otros han descubierto un juego de palabras. La palabra griega que se traduce *Pedro, petros,* se refiere a una pequeña piedra utilizada en la construcción. Cuando Jesús dijo que construiría su iglesia sobre una roca, Él utilizó la palabra *petra*, que se refiere un gran peñasco o piedra fundamental. Aquellos que defienden esta interpretación creen que se refiere a Cristo como la piedra fundamental, sobre la cual la iglesia es construida, y a Pedro, junto con los demás creyentes, como las piedras más pequeñas que constituyen la iglesia. Un problema con esta interpretación es que el arameo, el idioma de Jesús, no tenía estas dos palabras distintivas. Por tanto, Jesús no podía haber utilizado este juego de palabras.

"Respondiendo Simón Pedro, dijo: Tú eres el Cristo, el Hijo del Dios viviente. Entonces le respondió Jesús: Bienaventurado eres, Simón, hijo de Jonás, porque no te lo reveló carne ni sangre, sino mi Padre que está en los cielos. Y yo también te digo, que tú eres Pedro, y sobre esta roca edificaré mi iglesia; y las puertas del Hades no prevalecerán contra ella".
Mateo 16.16-18

Una mejor interpretación se basa en la confesión de Pedro, la verdad de que Jesús es el Cristo, como la roca sobre la cual Jesús determinó construir su iglesia. La iglesia se construye sobre la realidad de Cristo como hijo, y quienes aceptan la verdad acerca de Él forman la iglesia.

Más significativo todavía es que la iglesia que Jesús construyó sería *su* iglesia: "Edificaré mi iglesia" (Mt. 16.18). La iglesia es suya, no nuestra. Nunca debemos olvidar que la iglesia pertenece a Jesús.

La iglesia es local y universal

En *Fe y Mensaje Bautistas* se dice acerca de la iglesia: "Una iglesia neotestamentaria del Señor Cristo Jesús es el cuerpo local de creyentes bautizados que se han asociado mediante un pacto en la fe y compañerismo del evangelio". Más adelante en la declaración acerca de la iglesia, en *Fe y Mensaje Bautistas se* afirma: "El Nuevo Testamento habla también de la iglesia como el cuerpo de Cristo que incluye a todos los redimidos de todas las edades".

Dos usos relacionados pero distantes de la palabra *iglesia* se encuentran en el Nuevo Testamento. Herschel H. Hobbs señala que en el Nuevo Testamento se utiliza 93 veces la palabra *iglesia* para referirse al cuerpo local de creyentes.[1] Esto significa que en la mayoría de los pasajes del Nuevo Testamento la iglesia se describe como una asamblea local de cristianos que se reúnen, adoran y ministran en el nombre de Jesucristo.

Una congregación local bajo el señorío de Cristo es la única expresión tangible de la iglesia. La palabra *iglesia* nunca se utiliza en el Nuevo Testamento en el singular para referirse a una denominación o un grupo de iglesias. Por lo tanto, no es correcto hablar de "la iglesia bautista" cuando se refiere a la denominación. Cuando el Nuevo Testamento se refiere a grupos de iglesias, siempre se utiliza la palabra en plural (Gá. 1.2).

Aunque *iglesia* por lo general se refiere a una asamblea local, la palabra también se utiliza en un sentido más universal y genérico. Cuando Jesús dijo: "Edificaré mi iglesia" (Mt. 16.18), estaba usando obviamente la palabra en un sentido más amplio que un grupo local de creyentes. Lo mismo se aplica a Efesios 5.25. Aquí se nos dice: "Maridos, amad a vuestras mujeres, así como Cristo amó a la iglesia, y se entregó a sí mismo por ella". La iglesia por la cual Jesús se dio a sí mismo es algo más grande que una congregación local. Estos son dos ejemplos de la iglesia como la comunidad más grande de cristianos. Los creyentes de todos lo tiempos son parte de la iglesia en ese sentido. Existe una hermandad de cristianos, que cruza todas las barreras de raza, geografía, tradición y denominación.

Fe y Mensaje Bautistas nos recuerda que la iglesia es tanto local como universal.

La iglesia es para los creyentes

Hechos 2.42-47 da el resumen de Lucas sobre la obra de Dios en la vida de su pueblo, en los primeros días de la iglesia de Jerusalén. El versículo 47 es en particular significativo: "Y el Señor añadía cada día a la iglesia los que habían de ser salvos". Obsérvese que fue el Señor quien añadía a la iglesia. Obsérvese también que los nuevos integrantes eran salvos, es decir, creían y a consecuencia de su fe eran bautizados (He. 2.38). La iglesia, entonces, está formada por los creyentes en Cristo Jesús. Solo los creyentes son parte de la iglesia de Dios en el sentido más amplio. Solo los creyentes son sujetos aptos para la membresía de una iglesia local. Solo los creyentes son los candidatos aptos para el bautismo. Felipe bautizó al etíope solo después que creyó en Cristo (He. 8.36-37).

La iglesia local es una comunidad de creyentes

Los infantes no son sujetos aptos para ser bautizados y convertirse en miembros de la iglesia. La naturaleza misma de la fe impide que una persona tome una decisión de fe por otra. La fe es una decisión personal, o no es fe. Nadie puede ser creyente a menos que decida personalmente creer. La meta de los bautistas siempre ha sido que la iglesia sea hecha solo de creyentes. Por lo tanto, el bautismo es imposible en el caso de los infantes. No podemos tomar decisiones respecto de la fe en Cristo por otros miembros de nuestra familia.

La *iglesia* no es la iglesia de un creyente sino una comunidad de creyentes. Además, la comunidad se reúne por medio de un pacto. Es decir, cada miembro pacta con Dios y con otros miembros vivir fielmente las creencias, prácticas y misión del cuerpo. Algunas veces nuestras técnicas de evangelismo pasan por alto la naturaleza del pacto de una iglesia cuando no se explica a los recién evangelizados la naturaleza de la relación con la iglesia. Orientación y consejería para el nuevo miembro en el momento de la decisión son las principales maneras de corregir este problema. Pero sin importar cuál sea el método, las iglesias necesitan recuperar el sentido de comunidad, enseñando a su gente la naturaleza de la membresía, compromiso y participación en la iglesia.

El concepto de comunidad con un pacto de por medio, como se da en gran medida en la fe y en la práctica bautistas, se basa en el sacerdocio de los creyentes. W. A. Criswell en *La doctrina de la iglesia* clarificó este concepto de la siguiente forma:

> *A pesar de la diversidad de dones y funciones, la iglesia es un cuerpo, y todos los miembros tienen la misma relación con Cristo. El acceso a la presencia de Dios fue en algún tiempo el privilegio exclusivo de los sacerdotes. Todavía lo es. Pero la diferencia es que los creyentes son hechos sacerdotes de Dios y gozan así de un acceso directo a Dios, por la muerte y resurrección de Cristo (Ro. 5.1-2, Ap. 1.5-6), así que el sacerdocio incluye ahora a todos los creyentes.*

La creencia de que todo creyente es un sacerdote se vuelve funcional en los servicios de adoración, gobierno de la iglesia y ministerio de los bautistas. A uno se le pide que "dirija a la congregación en oración", por lo tanto la congregación ora por todas las peticiones. Tantos miembros como sea posible participan en los servicios, y generalmente toda la congregación canta y lee la Biblia como un acto colectivo de adoración.

Cada miembro participa en la formulación de las políticas de la iglesia local, así que nadie está sujeto a la autoridad de cualquier cuerpo externo.[2]

ACTIVIDAD PERSONAL DE APRENDIZAJE 1

¿Cuál de las siguientes afirmaciones es verdadera?

   a. Como miembro, la iglesia me pertenece a mí y a mis compañeros miembros.
   b. Como líderes llamados y elegidos, la iglesia pertenece al pastor, al cuerpo administrativo y a los diáconos.
   c. Como el Hijo de Dios, la iglesia le pertenece a Cristo Jesús.

Imágenes bíblicas de la iglesia

Podremos entender mejor la naturaleza de la iglesia si examinamos algunas de las metáforas o imágenes utilizadas en la Biblia para ilustrar qué es la iglesia.

Cuerpo de Cristo

El cuerpo humano es una de las creaciones más imponentes e inspiradoras de Dios Es una de las analogías favoritas de Pablo de la iglesia (1 Co. 12.12-27; Ef. 1.22-23; 2.16; 4.4,12,16; 5.23,30; Col. 1.18, 24; 2.19, 3.15). En su libro *The Nature of the Church* (La naturaleza de la iglesia) Bill J. Leonard sugiere que la designación de la iglesia como el cuerpo de Cristo es importante por varias razones. Primero, si la iglesia es el cuerpo de Cristo, eso significa que la propia presencia de Cristo está en la vida de su iglesia. Indica una relación directa e íntima entre Cristo y su iglesia. Segundo, la idea de que la iglesia es el cuerpo de Cristo habla de la unidad de la iglesia. Como el cuerpo tiene una unidad esencial, así también la iglesia (1 Co. 12.12). Aquellos relacionados con Cristo también están relacionados entre sí. Una tercera implicación de la iglesia como cuerpo de Cristo es que Cristo es la cabeza del cuerpo, su iglesia (Col. 1.18). Puesto que Cristo es la cabeza de la iglesia, le da su propósito y unidad.[3]

La iglesia funciona más efectivamente cuando usa todas sus partes (1 Co. 12.21,24-25). Esta es una imagen de unidad en la diversidad. Pablo

> Así como el cuerpo humano desempeña las funciones de un individuo, la iglesia, el cuerpo de Cristo, realiza el trabajo de Cristo en el mundo.

indicó que esta solidaridad trasciende toda raza y distinción de clases conforme el pueblo se fusiona con el cuerpo de Cristo. Por pueblo no debe entenderse "judío ni griego; no hay esclavo ni libre; no hay varón ni mujer; porque todos vosotros sois uno en Cristo Jesús" (Gá. 3.28).

ACTIVIDAD PERSONAL DE APRENDIZAJE 2

¿Cuáles son tres implicaciones de la iglesia como el cuerpo de Cristo?

_____

_____

_____

El pueblo de Dios

Un pasaje de las Escrituras que contiene esta imagen es 1 Pedro 2.9-10: "Mas vosotros sois linaje escogido, real sacerdocio, nación santa, pueblo adquirido por Dios, para que anunciéis las virtudes de aquel que os llamó de las tinieblas a su luz admirable; vosotros que en otro tiempo no erais pueblo, pero que ahora sois pueblo de Dios; que en otro tiempo no habíais alcanzado misericordia, pero ahora habéis alcanzado misericordia". Esta imagen evoca al Antiguo Testamento donde se identifica a Israel como pueblo de Dios. La iglesia es el pueblo nuevo de Dios. Esta designación de la iglesia como el pueblo de Dios identifica a la iglesia como la posesión especial de Dios, en el mundo, para que realice su trabajo. Dios construye a su pueblo hasta convertirlo en una casa espiritual. Nuestro propósito es servir a Dios, dándonos nosotros mismos a Él como sacrificio espiritual (1 P. 2.5).

Familia de creyentes

Gálatas 6.10 y Efesios 2.19 dan otra imagen. Esta imagen de la iglesia implica la relación entre Dios y su pueblo y la relación que existe entre hermanos y hermanas en la iglesia. Dios es el Padre en el sentido más íntimo (Gál. 4.6-7). Somos sus hijos (Ro. 8.16-17). Somos hermanos y hermanas en Cristo. Como tales, debemos amarnos unos a otros (1 Jn. 3.11).

Somos hijos del Padre Celestial, y hermanos de todos los demás cristianos

Esposa de Cristo

La idea de la iglesia como la esposa de Cristo es conmovedora (2 Co. 11.2,

Ap. 19.7-9, 21.9, 22.17). Sugiere una relación de amor en que Cristo cuida a la iglesia. Efesios 5.22-32 parece sugerir esta idea, cuando Pablo ordena a los esposos amar a sus esposas "así como Cristo amó a la iglesia". Apocalipsis 19.7-9 describe las bodas de Cristo y su iglesia al final de los tiempos, una imagen de gran victoria y gozo.

Expresión del reino de Dios

El reino es el gobierno de Cristo en el corazón de los creyentes. La iglesia es el reino del cielo en la tierra en el sentido de que está constituida por gente que ha rendido su vida al gobierno de Cristo. Este concepto reconoce que Jesús es el Rey y su pueblo son sus súbditos, y reconoce que los creyentes son ciudadanos de otro reino más importante, más fuerte y más duradero que cualquier reino secular o nación que parezca tener un poder descomunal (Col. 1.13). En Mateo 6.9-13, la Oración Modelo, la primera cosa por la que al creyente se le instruye orar, después de alabar a Dios, es por que venga el reino de Dios a la tierra.

La iglesia es el agente del reino porque está constituido por personas que se han rendido al señorío de Cristo.

ACTIVIDAD PERSONAL DE APRENDIZAJE 3

Cinco imágenes bíblicas de la iglesia son:

_____

_____

_____

_____

_____

Ordenanzas de la iglesia

Los bautistas se refieren al bautismo y a la Cena del Señor como ordenanzas. La palabra *ordenanza* significa *conjunto de preceptos, lo que está hecho para el buen gobierno, mandato, disposición*. Una ordenanza es un mandato que tiene un propósito y un significado. Las ordenanzas del bautismo y la Cena del Señor son partes importantes de la vida bautista. ¿Cuál es la naturaleza del bautismo y la Cena del Señor? Los bautistas rechazan la idea de que el bautismo y la Cena del Señor sean sacramentos a través de los cuales la iglesia dispense gracia: los consideran simbólicos. La gracia es conferida directamente de Cristo al creyente. No existe intermediario alguno, sea sacerdote o sustancia.

El bautismo del creyente
Los judíos utilizaban agua para fines de purificación religiosa. Un uso especializado del agua entre los judíos era el bautismo del prosélito. El prosélito era un gentil que se había convertido a la fe judía. Tales personas eran bautizadas para simbolizar la purificación religiosa y dedicación a Dios. El Antiguo Testamento no contiene ninguna referencia al bautismo del prosélito, pero otros escritos judíos indican que se practicaba tan antiguamente como en el primer siglo de la era cristiana. Juan tomó esa práctica y le añadió otra dimensión. Predicaba que para ser limpios espiritualmente uno debía arrepentirse a fin de prepararse para la venida del reino de Dios. El bautismo seguía a la decisión de arrepentirse e indicaba públicamente que la decisión había sido tomada (Mt. 3.1-6).

El bautismo de Jesús (Mt. 3.13-17) mostró la importancia del bautismo ¿Por qué fue bautizado Jesús? ¿Qué significa "cumplamos toda justicia"? Primero, Jesús fue bautizado para identificarse con la humanidad pecadora. Segundo, puso el ejemplo. Los primeros seguidores tomaron muy en serio este ejemplo. Tercero, Jesús anunciaba el inicio de su ministerio. Cuarto, Jesús identificaba su ministerio con el ministerio de Juan el Bautista. Juan proclamaba que el reino de Dios estaba por venir. El bautismo de Jesús dejó claro que el reino que Juan había profetizado vino a través de Él. Además, el arrepentimiento constituye una parte central del mensaje de Jesús, como lo fue del de Juan. Jesús no actuaría en una forma que implicara que la salvación era posible sin el arrepentimiento.

Significado del bautismo. Los bautistas en ocasiones somos acusados de minimizar la importancia del bautismo porque no creemos que sea esencial para la salvación. Nada podría estar más lejos de la verdad. El mandato de bautizarse está tan claro que no podría malinterpretarse, y es inconcebible que alguien que ha sido salvo rehusara seguir este primer mandato del Señor.

El bautismo representa cuatro imágenes. Primero, simboliza la muerte, sepultura y resurrección de Cristo. Segundo, simboliza la muerte del creyente al pecado y la resurrección a una nueva vida en Cristo. Tercero, simboliza la unión con Cristo; la inmersión en el nombre del Trino Dios indica una nueva vida en Cristo (Ro. 6.4, Gál. 3.27). Cuarto, simboliza la unión con el pueblo de Dios (1 Co. 12.13). Cuando un creyente es bautizado, testifica de lo que Cristo ha hecho en su vida (Col. 2.12), se compromete a vivir en unión con Cristo, y se compromete a ser parte de la iglesia, del pueblo de Dios.

Si el bautismo simboliza estas cuatro cosas, entonces solo tiene significado si la persona que se bautiza comprende ese significado. Los bautistas creen en el bautismo de los creyentes y solo de los creyentes. El bautismo no tiene ningún valor para el infante, para el niño menor que todavía no puede rendir cuentas de sus actos, o para cualquier persona que haya sido manipulada para tomar esa decisión sin haberla comprendido. En tales condiciones, la persona no ha sido bautizada sino solo sumergida en el agua. Es esencial comprender, previamente al bautismo, la fe en Cristo Jesús como Señor y Salvador.

Modos de bautizar. Los bautistas han sido firmes en su posición de que el único modo apropiado del bautismo es la inmersión. Debemos fundamentar nuestras convicciones en la Biblia y solo en la Biblia. La palabra griega *baptizo* significa *inmersión*; no significa ninguna otra cosa. Aun de mayor importancia es el hecho de que solo la inmersión puede simbolizar la muerte, sepultura y resurrección de Cristo, o la muerte del creyente al pecado y la resurrección a una nueva vida.

Si el bautismo no es esencial para la salvación ¿por qué establecer requisitos tan estrictos? La razón es que la doctrina del bautismo es digna de ser protegida. Es solo para los creyentes, es solo por inmersión, no es necesario para la salvación, es una ordenanza de la iglesia y no del individuo. Solo apegándose estrictamente a estos principios puede sobrevivir la doctrina del bautismo, como la Biblia la enseña.

La Cena del Señor

La otra ordenanza que los bautistas estiman valiosa es la Cena del Señor. Este bello acto recordatorio de la muerte de nuestro Señor Jesús lo practica la mayoría de los cristianos. Sin embargo, los bautistas abrazan ciertas creencias distintivas acerca de la Cena del Señor.

Comunión. Los bautistas a veces llaman comunión a la ordenanza de la Cena del Señor. Pablo escribió a los corintios: "La copa de bendición que bendecimos, ¿no es la comunión de la sangre de Cristo? El pan que partimos, ¿no es la comunión del cuerpo de Cristo?" (1 Co. 10.16). Este versículo expresa la naturaleza comunal de la Cena.

En Memoria de Él. La Cena del Señor es propiamente una Cena Conmemorativa. La institución de la ordenanza se encuentra en los cuatro evangelios (Mt. 26.26-29, Mr. 14.22-25, Lc. 22.17-20, y con menor claridad en Juan 13) y en 1 Co. 11.23-25. El propósito declarado es recordar a los discípulos de Jesús a través de las edades la muerte expiatoria del Señor. El pan representa el cuerpo de Cristo que fue partido y la copa representa su sangre que fue derramada. Esta ordenanza debe observarse hasta que Cristo regrese.

La Cena del Señor en el Nuevo Testamento tiene un paralelismo con la Pascua del Antiguo Testamento. Jesús lo señaló claramente al instituir la Cena en el tiempo de la Pascua. En la Pascua se celebraba la liberación de Egipto; la gran liberación de la esclavitud del pecado se celebra en la Cena del Señor.

> **La Cena del Señor es un acto conmemorativo del sufrimiento y muerte de Jesús como sacrificio por nuestro pecado.**

Para los creyentes. ¿A quiénes se invita a la Cena del Señor en las iglesias bautistas? Los bautistas no hablan a una sola voz al responder esta pregunta. Algunas iglesias sienten que solo los miembros de la congregación local deberían participar en la cena. Esta visión tiene una fuerte influencia de la tradición Landmark. La mayoría de quienes sustentan esta visión argumentarían que solo los miembros están sujetos a la disciplina de la congregación local. Por lo tanto, solo los miembros deberían pasar a la mesa del Señor.

Unas iglesias invitan a miembros de otras iglesias bautistas a participar. Otras incluyen a los que vienen de iglesias que practican el bautismo por inmersión. Muchas iglesias bautistas invitan a todos los creyentes de Cristo a la mesa del Señor. Estas iglesias aceptan la fe individual en Cristo como el principal criterio para observar la ordenanza. Pablo dijo a la iglesia de Corinto: "Por tanto, pruébese cada uno a sí mismo, y coma así del pan y beba de la copa" (1 Co. 11.28). Las iglesias que tienen una práctica más abierta de la Cena del Señor dejan el examen al cristiano.

No se especifica la frecuencia. Las iglesias observan la ordenanza con diferente frecuencia (algunas una vez al mes, unas cuantas con menor frecuencia). La Biblia no nos dice con cuánta frecuencia debemos observar esta ordenanza, pero debería ser lo suficientemente seguido para tener siempre presente la expiación de Cristo y no tan frecuentemente que se convierta en algo común. Es más efectiva cuando el servicio de adoración se construye alrededor de ella, convirtiéndolo en una oportunidad para el análisis personal, la reafirmación, y la evangelización.

El Señor invita a los creyentes a examinarse espiritualmente a sí mismos antes de tomar la Santa Cena.

ACTIVIDAD PERSONAL DE APRENDIZAJE 4

Las iglesias bautistas difieren en cuanto a quién invitar a la Cena del Señor. Enumere por lo menos cuatro visiones. ¿Cuál invitación extiende su iglesia?

_____

_____

_____

Oficiales y ministerios de la iglesia

Fe y Mensaje Bautistas identifican a dos oficiales de la iglesia: el pastor y el diácono. Los bautistas del sur han enfatizado nuevamente el ministerio de los laicos; por medio de diversos esfuerzos convocan a todo el pueblo de Dios a ejercer sus ministerios. Esos esfuerzos encierran la intención de reafirmar el rol que han tenido los laicos en el ministerio desde los inicios y a lo largo de la historia bautista. El énfasis en los laicos en ningún modo disminuye los roles del pastor y los diáconos; sin embargo sí exige hablar sobre la naturaleza de estos roles.

Ministerio del pastor

El pastor es el líder de la iglesia. Pasajes del Nuevo Testamento tales como 1 Timoteo 5.17-19 y 1 Pedro 5.1-5 afirman este hecho. La pregunta pertinente no es si el pastor es el líder, sino cuál es la naturaleza de su liderazgo. Efesios 4.11-12 da la respuesta. El pastor (junto con los apóstoles, profetas y evangelistas) debe preparar al pueblo de Dios para las obras de servicio. El pastor es el sub-pastor de Dios, llamado por Dios para capacitar a su pueblo. Cómo realice la tarea de capacitar al pueblo de Dios es un asunto de estilo de liderazgo, pero el estilo debe ser compatible con el trabajo de capacitación. Esto debe ocupar un lugar fundamental dentro de todo lo que hace. El pastor guía a la iglesia porque la iglesia lo llama para que lo haga así. El pastor debería ser un líder con piadosa humildad. El respeto que recibe de su pueblo se lo gana al vivir de una manera semejante a la de Cristo. W. A. Criswell aconseja a los pastores: "No sean tan dictatoriales que traten despóticamente al pueblo de Dios y al patrimonio de Dios". Más adelante advierte: "No olviden que ustedes son siervos".[4] El pastor es el líder de la iglesia.

Ministerio de los diáconos

El trabajo del diácono no se describe tan claramente. *Diácono*, de *diákonos*, significa *servidor*. Conforme avanzó el periodo del Nuevo Testamento, el oficio de diácono evolucionó; pero no podemos determinar qué responsabilidades en particular se ligaban a él. De hecho, es muy posible que el oficio no tuviera tareas específicas, sino que el diácono sirviera en las áreas que se necesitara.

Algunos creen que la primera referencia al diácono pueda ser Hechos 6.1-6, el conocido relato de la selección de siete hombres para administrar la distribución diaria de comida a las viudas de habla griega, que habían sido ignoradas. La palabra *diácono* no se utiliza en este pasaje para referirse a los siete hombres; sin embargo, muchos creen que ese oficio evolucionó desde esta época temprana. Posiblemente el oficio del diácono evolucionó a lo largo de un buen número de años. No lo sabemos con exactitud, pero hacia finales del periodo del Nuevo Testamento, el oficio de diácono había surgido ya junto con el de pastor (Fil. 1.1; 1 Ti. 3.1-13).

El término *diácono* proviene de la palabra griega *diákonos*, que significa *servidor*.

La cuestión de las responsabilidades del diácono, sin embargo, no puede saberse con certeza. La palabra misma nos da alguna orientación. Su significado estipula el ministerio, que cubre una gran variedad de actividades. El Nuevo Testamento no sustenta la idea de los diáconos como una junta directiva que administra la iglesia. Como individuos espiritualmente maduros que han sido elegidos por la iglesia, los diáconos están involucrados en el liderazgo y el ministerio. Sin embargo los diáconos se mueven fuera del oficio neotestamentario cuando asumen el poder. Ellos pueden ministrar en muchas formas: planear, asesorar al pastor y asesorarse unos a otros, resolver las crisis, reconciliar, apoyar los programas de la iglesia y ser modelos de lo que significa ser miembro de una iglesia.

Ministerio del personal de la iglesia y ministros voluntarios

Una iglesia bautista realiza muchos ministerios. Debido a que el pastor y el diácono no pueden realizarlo todo, se necesitan muchos ministros voluntarios. Estos fungen como maestros, líderes y obreros en la Escuela Dominical, discipulado, capacitación para el discipulado, música y misiones, u ocupan puestos en muchos comités. Además, el personal puede incluir uno o muchos ministros a sueldo, dependiendo del tamaño y el ministerio de la iglesia. Cada iglesia es responsable de rendir cuentas a Cristo Jesús por cada uno de los dones a su disposición, y cada miembro es responsable de descubrir su don y utilizarlo para el ministerio. La iglesia tiene la obligación de poner en acción los dones de sus miembros, de equipar a estos y de canalizarlos hacia ministerios en los cuales puedan utilizar sus dones fielmente.

Propósitos de la iglesia

Alguien podría preguntar: "¿Por qué existe la iglesia?" o "¿Qué es lo más importante en la vida de la iglesia?" La iglesia pertenece a Jesús. Está en el mundo para cumplir con los propósitos de Jesús. Estos propósitos definen la naturaleza y el trabajo de la iglesia. Veremos brevemente algunas de las razones de la existencia de la iglesia.

La adoración es el propósito fundamental de la iglesia. Walter T. Conner escribió: "La primera ocupación de las iglesia no es el evangelismo, ni las misiones, ni la benevolencia; es la adoración"[5]. Este autor continúa explicando que la adoración es la causa principal de todo lo demás que la iglesia hace; la adoración da dirección a la iglesia a medida que la gente adora a Dios y escucha la voz de Cristo. La mentalidad activista de los bautistas del sur no obstaculiza la adoración genuina, pero exige disciplina, para que el servicio de adoración no se convierta en algo poco más que un tiempo para promover actividades y programas. La verdadera adoración requiere la participación de la persona en su totalidad, tanto su mente como sus emociones; consiste en honrar a Dios por quien Él es y

> "La primera ocupación de las iglesia no es el evangelismo, ni las misiones, ni la beneficencia; es la adoración"
> W. T. Conner

por lo que ha hecho, y como resultado se alcanza una nueva conciencia, se aprende más de Dios. Cuando leemos los pasajes de Apocalipsis que describen la vida alrededor del trono de Dios, llegamos a la convicción de que la adoración de Dios es la razón por la cual fuimos creados.

La proclamación es otro propósito de la iglesia. Poco antes de su ascensión, Jesús dijo estas palabras a sus discípulos: "Pero recibiréis poder, cuando haya venido sobre vosotros el Espíritu Santo, y me seréis testigos en Jerusalén, en toda Judea, en Samaria, y hasta lo último de la tierra" (Hch. 1.8). Nos referimos a este pasaje y al relacionado con él en Mateo 28.18-20 como la Gran Comisión, el mandato de Jesús para su iglesia. La proclamación del evangelio no es una opción; es el centro mismo de la tarea de la iglesia.

Por lo menos cinco elementos de misión se incluyen en la Gran Comisión. El primer elemento es testificar. El plan de Dios es que aquellos que han aceptado su amor y han creído en Jesús deben vivir de manera tal que su vida evidencie la salvación; además, esa vida debe incluir el testimonio oral (Hch. 5.32).

La segunda parte de nuestra misión es ver la necesidad. Debemos ver a las multitudes como Jesús las vio. Jesús miró a los seres humanos con compasión, pues los vio como ovejas sin un pastor (Mt. 9.36). A menos que nos interesemos profundamente por la gente, no llegaremos a ser testigos efectivos.

El tercer asunto que necesitamos considerar acerca de testificar se refiere a los lugares de misión. Jesús cruza todas las fronteras; no hay pueblo o tierra o cultura a los que no quiera que alcancemos. Quiere que vayamos adondequiera que existan seres humanos.

En cuarto lugar, Jesús nos envía con poder. Prometió a sus seguidores: "Pero recibiréis poder" (Hch. 1.8). Este poder para la proclamación garantiza la efectividad. Mary Slessor, una joven escocesa, fue una misionera pionera en África. Trabajó principalmente con hombres para alcanzar a las tribus. Un día le dijo a un jefe que se había convertido al cristianismo: "Esto es lo que Dios quiere que hagamos. Quiere que llevemos a toda esta tribu a Cristo. Quiere que después vayamos a la siguiente y luego tribu por tribu. Dios quiere que nos extendamos por África. Mi oración es que alcancemos a África para Cristo, a través de esta tribu que ha llegado a conocer primero a Cristo".

El jefe escuchó sus planes y contestó: "Usted no puede hacer todo eso. Usted es solo una mujer".

Ella dijo: "Sí, soy solo una mujer, pero ¿se le ha olvidado qué clase de Dios tiene esta mujer?"

Finalmente, la tarea de proclamación requiere que hablemos a medida que vayamos. Jesús ordenó a sus discípulos: "Por tanto, id, y haced discípulos a todas las naciones" (Mt. 28.19). Una traducción muy literal de este versículo es: "Yendo, por tanto, haced discípulos a todas las naciones".

"Pero recibiréis poder, cuando haya venido sobre vosotros el Espíritu Santo..."
Hechos 1.8

La idea es testificar conforme vamos. La tarea es tan urgente que puede esperar el tiempo perfecto. Keith Parks relata una experiencia de cuando trabajaba para el Señor en Indonesia. Vivía en una de esa vías públicas que en aquellos tiempos no estaba pavimentada. El polvo levantado por los transeúntes era terrible. Un día, el viento soplaba en sentido contrario; él estudiaba la Biblia en la orilla de la calle. A medida que veía pasar multitudes por el camino, decidió contar el número de personas. Trató, pero no podía contar lo suficientemente rápido. El peso de las cifras comenzó a oprimir su alma, y exclamó: "Dios nos ha enviado aquí. Mi esposa y yo somos los únicos misioneros en esta área. Dios, ¿cómo podemos alcanzar a esta multitud?"

La respuesta de Dios a él fue: "Uno por uno, Keith, uno por uno". Keith se levantó y salió a buscar a ese uno. Vio que una mujer, que trataba de abrirse paso en el camino, había tirado su mercancía. La gente caminaba sobre las pertenencias de ella; pisoteaba los montones de mercancía. Keith se abrió paso entre la multitud y empezó a ayudarle a recoger sus telas. Le dijo: "Madre, tienes calor y estás cansada. ¿Quieres pasar a mi patio, sentarte y tomar algo fresco?" Keith cargó el bulto y la guió hasta el patio.

Ella le preguntó: " Señor, ¿por qué hizo eso, caminar en la tierra, ayudarme a recoger la mercancía y ofrecerme esta bebida fría y la oportunidad de descansar?"

Keith respondió: "Me da gusto que me pregunte", y en seguida le habló de Jesús. Ella aceptó a Cristo como su Salvador.

El método de Dios es uno por uno. El tiempo y el lugar de Dios están en cualquier oportunidad y en todo lugar.

El discipulado es un propósito importante de la iglesia. La Gran Comisión es más que un llamado a ganar convertidos. Es un llamado para hacer discípulos (Mt. 28.19-20). Los discípulos son alumnos de la escuela de Jesús. Son aprendices y seguidores. El discipulado implica crecimiento en el conocimiento y el compromiso. También implica un descubrimiento de los dones espirituales y una voluntad para usar esos dones en el ministerio.

La iglesia forma discípulos a través del estudio bíblico, la capacitación y participación en el ministerio. El desarrollo del discipulado es un proceso continuo. La capacitación para el discipulado se centra especialmente en este desarrollo. La meta es formar cristianos maduros, con conocimiento profundo de la doctrina y eficientes que puedan servir a Cristo a través de la iglesia.

La Gran Comisión es un llamado a hacer discípulos.

ACTIVIDAD PERSONAL DE APRENDIZAJE 5

El discipulado implica por lo menos tres cosas. Estas son:

_____

_____

_____

El compañerismo es un propósito de la iglesia que incluye a todos. La palabra del Nuevo Testamento *compañerismo*, *koinonia*, se usa frecuentemente en el Nuevo Testamento en relación con los creyentes. Tenían *koinonia* unos con otros, con Cristo y a través del Espíritu. El uso de la palabra caracteriza a la iglesia como el compañerismo de los creyentes unidos por el Espíritu y cuyo fundamento es Cristo Jesús.

Quizá el propósito de la iglesia sea mejor resumido por Gene Mims. En su libro, *Principios del reino para el crecimiento de la iglesia*, Mims presenta lo que llama el Principio 1-5-4. Cada parte de esta fórmula describe un elemento esencial para el ministerio y crecimiento de la iglesia. La Gran Comisión es el principio que debe mover a la iglesia. La Gran Comisión define la misión de Dios en este mundo. Él ha ordenado que su evangelio sea presentado a toda la gente de todo el mundo. La iglesia debe proclamar este mensaje para que los seres humanos confíen en Él, lo confiesen y lo sigan como discípulos.

El principio 5 de Mims para el crecimiento de la iglesia nos recuerda que existen cinco cosas que la iglesia debe hacer si desea experimentar crecimiento. Estas funciones de una iglesia que crece son esenciales absolutos para cualquier iglesia que desee seguir la Gran Comisión de Cristo. Los cinco esenciales para el crecimiento son: evangelización, discipulado, compañerismo, ministerio y adoración.

El 4 en la fórmula representa los cuatro resultados que se obtienen cuando una iglesia de la Gran Comisión realiza las cinco funciones esenciales. Estos resultados son: crecimiento numérico, crecimiento espiritual, expansión de los ministerios y avance en las misiones. Desde luego, estos son resultados que cualquier iglesia neotestamentaria quiere experimentar.

La misión de la iglesia es la gente. Este es un mundo pecaminoso, angustiado, herido. Ante cada ser humano, nos enfrentamos con los resultados del pecado. Existen familias desintegradas, niños violados o maltratados y muchas adicciones. Existe el salvajismo de la guerra, con la secuelas de una gran diversidad de sufrimiento. Se vive una decadencia de las normas morales que opaca la distinción entre lo correcto y lo incorrecto. Existe la tragedia de las vidas destrozadas y desilusionadas que vemos por todos lados. Debido a que vivimos en un mundo caído, no es posible que solucionemos los problemas del mundo, no importa cuánto deseemos hacerlo. Sin embargo, no podemos cruzarnos de brazos en un acto de desesperanza. Tenemos un mensaje que puede producir un cambio, y tenemos un llamamiento de Dios. Dios llama a su pueblo para ser reconciliadores y agentes de esperanza en este mundo.

Ken Lyle cuenta un incidente del que se enteró cuando vivía en la ciudad de Nueva York. Una niña pequeña había estado jugando en un patio cercado. Cuando llegó el tiempo de que entrara, no se le encontró por ningún lugar. Su papá y mamá comenzaron a buscarla, y los vecinos se unieron a la búsqueda. Finalmente llamaron a la policía. Después de una larga espera, escucharon que la niña subía las escaleras. Sus padres querían, a la vez, corregirla y abrazarla. Preguntaron ansiosos: "¿Dónde has estado?"

Ella respondió: "He estado ayudando a Kathy. A su muñeca se le cayó la cabeza. Le ayudé a tratar de ponerle la cabeza, pero no pudimos. Así que he estado ayudando a Kathy a llorar".

No siempre podemos solucionar los problemas de la gente, pero por lo menos podemos permanecer a su lado para ayudarles a llorar y mostrarles a Aquel que puede perdonar el pecado y sanar las vidas destrozadas,

> **Dios llama a su pueblo para que sean reconciliadores y agentes de esperanza en este mundo.**

ACTIVIDAD PERSONAL DE APRENDIZAJE 6

Cuando Jesús habló de la iglesia, dijo que era "su iglesia". La propiedad de Cristo de la iglesia tiene muchas implicaciones. Responda las siguientes preguntas a la luz de esa propiedad.

¿Cuáles son las implicaciones para las prácticas de adoración de la iglesia?

_____
_____
_____

¿Cuáles son las implicaciones para las actividades de la iglesia?

_____
_____
_____

¿Cuáles son las implicaciones para las prioridades de la iglesia?

_____
_____
_____

Capítulo 6

LA VICTORIA FINAL DE DIOS

> *"Vi un cielo nuevo y una tierra nueva; porque el primer cielo y la primera tierra pasaron, y el mar ya no existía más. Y yo Juan vi la santa ciudad la nueva Jerusalén, descender del cielo, de Dios, dispuesta como una esposa ataviada para su marido. Y oí una gran voz del cielo que decía: He aquí el tabernáculo de Dios con los hombres, y él morará con ellos; y ellos serán su pueblo, y Dios mismo estará con ellos como su Dios. Enjugará Dios toda lágrima de los ojos de ellos; y ya no habrá más llanto, ni clamor, ni dolor; porque las primeras cosas pasaron". Apocalipsis 21.1-4*

La Biblia presenta la historia humana como si se moviera hacia una meta dirigida divinamente. La historia no es cíclica, los eventos no se repiten en un ciclo eterno; tampoco es evolutiva, no progresa por su propio poder. En cambio, se desplaza en una dirección determinada por Dios. Alcanzará la meta que Él ha ordenado.

Los cristianos llaman escatología al estudio de la meta de la historia, el estudio de los tiempos postreros. Este estudio de la doctrina cristiana concluye con un estudio de la escatología.

Todos los cristianos no creen las mismas cosas respecto de este vital tema doctrinal. Personas igualmente sinceras y devotas a veces están en desacuerdo sobre los tiempos postreros. Los bautistas han rehusado, acertadamente, hacer de la escatología una prueba de ortodoxia y compañerismo. Pero aun cuando se sustentan diversos puntos de vista, todos los cristianos creen que Dios obra en la historia, que Jesús regresará, y que aquellos que le conocen participarán de su gloria. La meta hacia la cual la historia se desplaza se expresa bellamente en Apocalipsis 11.15: "Los reinos del mundo han venido a ser de nuestro Señor y de su Cristo; y Él reinará por los siglos de los siglos".

No es posible desarrollar en este capítulo un estudio completo de la escatología. *Our Christian Hope: Biblical Answers to Questions About the Future,* por David S. Dockery, fue el Estudio Doctrinal Bautista de 1999. Este estudio se basa en lo que la Biblia enseña sobre temas importantes relacionados con los tiempos finales: el reino de Dios, la segunda venida de Cristo, diversas posturas sobre el reinado milenario de Cristo, el juicio y la realidad del cielo y del infierno. Este estudio es un recuento sólido, basado en la Biblia, para cualquiera que se interese en el futuro.

La mayoría de nosotros se interesa en el futuro. Como cristianos podemos estar absolutamente seguros de que Dios tiene un plan para el futuro que no puede ser anulado. Aunque en este libro no podemos estudiar con profundidad estas verdades importantes que se relacionan con lo que Dios ha planeado, nuestro estudio de los últimos tiempos nos guiará a considerar de manera breve varias verdades importantes que se relacionan con los propósitos de Dios para el futuro.

ACTIVIDAD PERSONAL DE APRENDIZAJE 1

En el estudio de las Últimos Tiempos tres puntos sobre los que todos estamos de acuerdo son:

_____

_____

_____

La muerte y el estado intermedio

La muerte, más que la segunda venida de Cristo, es el tiempo cuando la mayoría de la gente verá a Dios cara a cara. A menudo esta realidad se ignora, pero aquellos que aceptan su certidumbre pueden ordenar sus vidas.

Los cristianos deberían emplear tiempo para reflexionar sobre las enseñanzas bíblicas acerca de la muerte, pues su significado es muy diferente para los inconversos. La muerte para el cristiano se ha comparado con el nacimiento. Cuando el infante está en el proceso de nacer a esta vida terrenal, se resiste. El vientre es un ambiente confortable, el único que ha conocido y no quiere dejarlo. El dolor del nacimiento le ocasiona que se resista. Pero cuando abandona el vientre, descubre un mundo mucho más grande, tan grande que pasa su vida aprendiendo acerca de él. El amor y el gozo y cientos de otras emociones enriquecen su existencia.

Los cristianos pueden temer a la experiencia de la muerte, pues es dolorosa y el mundo más allá de ella es desconocido. El vientre de este mundo es confortable, y es el mundo que conocemos. Sin embargo, cuando los cristianos atraviesan el vientre de la muerte, nacen a un nuevo mundo que es mucho mayor que la vida terrenal, así como la vida terrenal demostró ser más vasta que la vida en el vientre de la madre. La vida eterna con el Maestro es ausencia de pecado y dolor; amor y gozo y miles de experiencias más esperan a aquellos que mueren en el Señor.

Estado intermedio

Los cristianos creen que el cuerpo será resucitado (1 Co. 15). La pregunta que preocupa a muchos es: ¿Qué ocurre a los cristianos entre el tiempo de su muerte y la resurrección del cuerpo y el final de los tiempos? Por lo menos dos respuestas no bíblicas a esta pregunta se escuchan con frecuencia. Una de estas ideas se le conoce como sueño del alma. Quienes

El significado de la muerte es muy diferente para el cristiano y el no creyente.

> La expresión estado *intermedio* se refiere al estado de los cristianos entre la muerte y la resurrección final del cuerpo.

sustentan esta visión creen que el alma se halla en un estado inconsciente entre la muerte y la resurrección. Quienes proponen esta creencia señalan pasajes bíblicos tales como 1 Tesalonicenses 4.3, que se refiere a los creyentes que han partido como "los que duermen". En tales versículos Herschel H. Hobbs señala que dormir se utiliza "como un sinónimo de la muerte como cesación de trabajo, penas y problemas".[1] El Nuevo Testamento no afirma la creencia del sueño del alma.

Otra idea acerca del destino del creyente al tiempo de morir es la doctrina del purgatorio. Dicho simplemente, esta doctrina enseña que el purgatorio es un lugar o condición donde quienes mueren en estado de gracia son purificados y se le prepara para entrar al cielo. Este estado intermedio es para aquellos que, aunque salvos, todavía no están libres de la imperfección. En el purgatorio expían sus pecados no perdonados. Esta visión no es una doctrina bíblica, y no puede fundamentarse ni en el Antiguo ni en el Nuevo Testamento.

Puesto que estas respuestas no bíblicas no son suficientes, debemos seguir buscando la respuesta. ¿Qué ocurre al cristiano entre el tiempo de su muerte y el tiempo de la resurrección final? La mayoría de los eruditos se refieren a este período como el estado intermedio. El estado intermedio es el tiempo entre la muerte del creyente y la resurrección final que ocurrirá cuando el Señor regrese por su pueblo.

En su libro *The Life Beyond* Ray Summers manifiesta su preferencia por la frase *separación del cuerpo* para referirse al tiempo posterior a la muerte y antes de la resurrección del cuerpo. Summers opina que *la separación del cuerpo* es mejor que *estado intermedio,* porque es más descriptiva y evita falsas interpretaciones. Obviamente, cuando morimos, nuestros cuerpos son desechados y regresamos a la tierra. Por lo tanto, "nuestros cuerpos son separados". Summers define este estado de separación del cuerpo como "la existencia consciente del bien y del mal después de la muerte y antes de la resurrección".[2]

Los cristianos pasan este tiempo en presencia del Señor. El apóstol Pablo afirmó esta verdad a los Corintios: "Así que vivimos confiados siempre, y sabiendo que entre tanto que estamos en el cuerpo, estamos ausentes del Señor... pero confiamos, y más quisiéramos estar ausentes del cuerpo, y presentes al Señor" (2 Co. 5.6,8). Cuando alguien que cree en Cristo Jesús muere, esa persona "está en casa" con el Señor. El cuerpo ha sido desechado, y un nuevo cuerpo, resucitado se nos promete, pero mientras tanto, la persona está con el Señor.

Cuando los creyentes mueren y parten para estar con el Señor, se dice que están en el paraíso. Jesús prometió al ladrón arrepentido que estaría con él en el paraíso ese día, el mismo día en que murió el hombre (Lc. 23.43). La palabra *paraíso* se utiliza en otros dos pasajes del Nuevo Testamento. En 2 Corintios 12.4 Pablo describe una experiencia en la cual fue "arrebatado al paraíso". Apocalipsis 2.7 promete: "El que tiene oído, oiga lo que el Espíritu dice a las iglesias. Al que venciere, le daré a comer del árbol de la vida, el cual está en medio del paraíso de Dios".

La palabra *paraíso*, generalmente aceptada como de origen persa, se refiere a un bello jardín o parque, quizá cerca del palacio del rey. Como se usa en la Biblia, *paraíso* se refiere a la presencia de Dios. Cuando los justos mueren, parten para estar con Dios en el paraíso, un estado de bendición, reposo y gozo.

Ray Summers resume la enseñanza acerca de aquellos que mueren confiando en Jesús. Primero, el suyo es un estado consciente. Están vivos y conscientes ante la presencia de Dios. Segundo, su estado es fijo. No existe base bíblica para una segunda oportunidad después de la muerte, tal como el purgatorio, para la purificación. El destino de la persona ha sido determinado por su reacción al ofrecimiento de la salvación hecho por Dios. En tercer lugar, el estado de aquellos que mueren confiando en el Señor se encuentran en un estado incompleto. Puesto que el ser humano es tanto cuerpo como espíritu, la redención no estaría completa sino hasta la resurrección del cuerpo.[3]

¿Pero qué de aquellos que mueren fuera de la fe en Cristo Jesús? ¿Cuál es su condición entre el tiempo de su muerte y su juicio final? Cuando tales personas mueren sus cuerpos regresan a la tierra, ¿pero qué de su alma?

Los bautistas rechazan la idea no bíblica de aniquilación. Esta idea enseña que las almas de los malos son aniquiladas, destruidas y muertas para siempre. La Biblia enseña otra cosa. En el pensamiento bíblico, todo aquel que muere, justo o malo, va al Hades. La palabra griega *hades* y el hebreo equivalente *sheol* significa *el reino de los muertos*. La traducción al español Reina-Valera, particularmente en sus revisiones más recientes (1960 y 1995), ha preferido mantener el término Hades, sin traducirlo. Ciertamente, existe un infierno final para los no creyentes, así como existe un cielo final para quienes creen.

Lucas 16.19-31 relata la bien conocida historia del hombre rico y Lázaro. Ambos hombres murieron. Lázaro fue llevado al seno de Abraham (v.22), donde fue confortado (v. 25). Obviamente, Lázaro estaba consciente en un estado de reposo, comodidad y gozo. Su condición era la de una persona salva en el paraíso, aunque esta palabra no se usa en ese pasaje.

Lo opuesto era la realidad para el hombre rico. Fue al Hades, pero para él, era tormento y agonía. Estaba consciente de su sufrimiento y clamaba por tan solo una gota de agua para calmar su dolor (vv. 23-24). Aun esta oración no podía ser respondida. La barrera entre su sufrimiento y la paz de Lázaro era insuperable. Abraham respondió a su petición diciendo: "Además de todo esto, una gran sima está puesta entre nosotros y vosotros, de manera que los que quisieren pasar de aquí a vosotros, no pueden, ni de allá pasar acá" (Lc. 16.26).

Pedro aseguró a sus lectores: "sabe el Señor librar de tentación a los

> En el momento de la muerte, los injustos entran a un estado de castigo y separación de Dios.

piadosos, y reservar a los injustos para ser castigados en el día del juicio" (2 P. 2.9). En relación a este pasaje, Ray Summers escribe: "Esto indica que los injustos entran inmediatamente en un estado de castigo y que experimentan el castigo hasta el tiempo del juicio final".[4]

Aunque el sufrimiento de los injustos durante este estado de separación del cuerpo no es su infierno final, está claro que aquellos que mueren fuera de Cristo van a un lugar de castigo. Summers concluye su discusión sobre el castigo de los malos entre el tiempo de la muerte y del juicio final, planteando tres puntos importantes. Primero, el estado de los injustos después de la muerte es un estado consciente. Segundo, el estado de los injustos es un estado fijo. Recuerde que al hombre rico mencionado en Lucas 16 se le dijo claramente que su situación no podía ser cambiada. Finalmente, el estado de la muerte de los injustos es un estado incompleto. La resurrección, el juicio final y el infierno todavía quedan por delante.[5] El estado intermedio o de separación del cuerpo es un tiempo de gozo consciente para los salvados y de castigo consciente para los perdidos. Cuando muramos, experimentaremos uno u otro.

Resurrección del cuerpo

Juan 5.25 contiene estas palabras de Jesús: "De cierto, de cierto os digo: Viene la hora, y ahora es, cuando los muertos oirán la voz del Hijo de Dios; y los que la oyeren vivirán" (Jn. 5.25). Unos cuantos versículos más adelante Él dijo: "No os maravilléis de esto; porque vendrá la hora cuando todos los que están en los sepulcros oirán su voz; y los que hicieron lo bueno, saldrán a resurrección de vida; mas los que hicieron lo malo, a resurrección de condenación" (Jn. 5.28-29).

Afirmaciones bíblicas de la resurrección

La resurrección del cuerpo se expone claramente en la Biblia. Si bien quienes han muerto ya están en el paraíso o en el lugar de castigo, los humanos no están destinados a pasar la eternidad en el estado de separación del cuerpo. La resurrección nos espera a todos.

Las referencias a la resurrección del cuerpo abundan en el Nuevo Testamento. Pablo enfatizó en 1 Corintios 15 la importancia de la doctrina para la fe cristiana, Cristo fue levantado de los muertos, un hecho presenciado por muchos (1 Co. 15.3-8). Su resurrección es la base de la esperanza de los creyentes (vv.20.22). Si por el otro lado, no hubiera resurrección del cuerpo, ni aun Cristo habría resucitado, y nuestra fe sería vana y fútil (vv.12-19).

La resurrección corporal significa a la vez la continuación de la vida y su realización. La vida eterna comienza con el nuevo nacimiento. El creyente comienza una nueva existencia en Cristo pero se encuentra atado a este mundo con sus tentaciones y flaquezas humanas. Sin embargo, conforme el cristiano enfrenta la muerte con el temor humano normal, ve más allá

La resurrección de los creyentes se basa en la realidad de la resurrección de Cristo.

hacia una vida futura. Aquellos que entienden debidamente la resurrección, pueden enfrentar la persecución hasta la muerte, pues saben que la muerte no es más que una experiencia dolorosa y no el final. Este conocimiento crea nuevas dimensiones para la vida. Creemos en un conjunto diferente de principios; podemos resistir a las presiones del mundo que intenta forzarnos a entrar en sus moldes; podemos pensar y emprender acciones sobre la base de la economía eterna de Dios más que en la de este mundo.

Naturaleza del cuerpo resucitado

La forma del cuerpo resucitado preocupaba a los corintios y preocupa a algunos de los creyentes en la actualidad. Si el cuerpo se descompone y es reciclado en la naturaleza, ¿cómo será levantado? La respuesta de Pablo es que la resurrección corporal no significa que tendremos el cuerpo con la misma carne y la misma sangre que ahora tenemos (vv. 35.44). El cuerpo natural no debe compararse al cuerpo de la resurrección. De alguna manera, Dios formará para cada persona un cuerpo adecuado para la resurrección. La forma del cuerpo no es importante; lo que es importante es que no seremos espíritus separados del cuerpo o absorbidos en una idea etérea. Seremos personas reales, con identidades reales y personalidades reales. El cuerpo que Dios da no estará sujeto al envejecimiento, el deterioro y la muerte (1 Co. 15.53-54, Ap. 21.4).

Se nos informa acerca de la naturaleza de la resurrección del cuerpo mediante la naturaleza del cuerpo de Jesús después que se levantó de los muertos. Juan dijo que seremos como Él (1 Jn. 3.2). Tenía un cuerpo, y era uno que los discípulos reconocían (Lc. 24.36-43, Jn. 20.19-20,21-29). El cuerpo de Jesús, sin embargo, no estaba sujeto a las leyes terrenales. Él podía desaparecer mientras ellos lo miraban (Lc. 24.31) y aparecer a los discípulos a pesar de las puertas cerradas (Jn. 20.19-20, 24-29). Y sin embargo podían tocarlo (Jn. 20.27) y aun comer con Él (Jn. 21.10-14).

Tiempo de la resurrección

¿Cuándo ocurrirá la resurrección del cuerpo? Pablo aborda esta pregunta en 1 Corintios 15.51-52: "He aquí, os digo un misterio: No todos dormiremos; pero todos seremos transformados, en un momento, en un abrir y cerrar de ojos, a la final trompeta; porque se tocará la trompeta, y los muertos serán resucitados incorruptibles, y nosotros seremos transformados". La idea de la trompeta alude al regreso de Jesús. Cuando los creyentes que hayan muerto sean resucitados y aquellos que estén vivos cuando Jesús regrese sean transformados, todo el pueblo de Dios tendrá un cuerpo imperecedero e inmortal. La muerte será derrotada para siempre. La victoria pertenecerá al pueblo de Dios (1 Co. 15.53-56).

Los injustos también resucitarán. Muchos textos de la Biblia afirman esta verdad. Algunos de estos pasajes son: Daniel 12.2, Juan 5.18-29, Hechos

La resurrección de los creyentes ocurrirá cuando Jesús venga por su pueblo.

24.15 y Apocalipsis 20.12-13. ¿Cuándo ocurrirá la resurrección de los injustos? Muchos cristianos creen que una resurrección general de los justos y de los injustos ocurrirá en la segunda venida de Cristo. Otros cristianos entienden que la Biblia enseña sobre dos resurrecciones. Estos creen que los justos resucitarán cuando Jesús regrese por su iglesia y que los injustos resucitarán después que Cristo reine en la tierra durante mil años. A este reinado se le conoce como el milenio. Aquellos que sustentan esta visión se apoyan en pasajes tales como Apocalipsis 20.4-6 y 1 Tesalonicences 4.13-18.

ACTIVIDAD PERSONAL DE APRENDIZAJE 2

El hecho de entender que la muerte no significa el fin ¿cómo afecta la forma en que vivimos cada día?

_____

_____

_____

La segunda venida de Cristo

Los bautistas del sur nunca han hecho de la visión de la segunda venida una prueba de fe, además de la convicción de que Cristo literalmente regresará y establecerá un nuevo cielo y una nueva tierra. .

Las visiones milenaristas se refieren a lo que uno cree acerca del milenio. La palabra latina *millennium* (milenio en español) no aparece en la Biblia; sin embargo, con este término se designa al reinado de Cristo, de mil años, sugerido en Apocalipsis 20.2-7. De ahí proceden diversos conceptos: al añadir *pre* se forma la palabra (*premilenialista*), que indica la creencia de que Cristo regresará antes del milenio; añadiendo *post* (*postmilenialista*) se indica que Cristo regresará "después" del milenio; y al añadir el prefijo privativo "*a*" (*amilenialista*) se hace referencia a la creencia de que el milenio no es literalmente un reinado, sino se refiere al tiempo que se extiende de la ascensión de Jesús a su segunda venida. Cabe mencionar que la visión premilenialista se divide además en dos ideas principales, similares en algunos aspectos y muy diferentes en otros. Veamos brevemente cada una de las principales interpretaciones.

Postmilenialismo

La verdad más importante acerca del futuro es que Jesucristo vendrá otra vez.

Los postmilenialistas son raros en la actualidad, pero la visión tuvo mucha fuerza en el siglo XIX y hasta la Primera Guerra Mundial. La interpretación plantea que a través de una evangelización agresiva y el trabajo misionero, el mundo será ganado para Cristo. Jesús vendrá a reinar en los corazones de los creyentes, y de este modo en el mundo, tan completamente que Cristo reinará mil años en la tierra. Al final de estos mil años, Satanás tratará de reunir sus fuerzas otra vez y atacará a Dios, pero el maligno será derrotado y Cristo inaugurará un nuevo cielo y una nueva tierra. B-H. Carroll, fundador del Seminario Teológico Bautista del Sur, fue uno de los exponentes principales de esta visión.

Amilenialismo

Los amilenialistas interpretan Apocalipsis y otros pasajes proféticos simbólicamente. El milenio no es un reinado literal sino más bien representa el reinado de Dios en los corazones de los creyentes. Es un error muy grave acusar a aquellos que sustentan esta visión de no creer en el regreso literal de Cristo, pues en definitiva sí creen. De hecho esta visión no fija acontecimientos o condiciones que deban ocurrir antes de que Cristo regrese. Por lo tanto, permite aceptar la venida de Cristo en cualquier tiempo. Esta visión fue introducida por san Agustín en el cuarto siglo y predominó entre los cristianos durante mil años hasta la Reforma. Es una visión popular entre muchos bautistas del sur. Defensores bien conocidos de esta visión son Ray Summers y Herschel Hobbs.

Premilenialismo

Muchos estudiosos de la Biblia sustentan una visión premilenialista de la venida del Señor. Aquellos que apoyan esta visión del final de los tiempos creen que Jesús regresará antes del reinado prometido de Cristo con su pueblo. Si bien es cierto que existen muchas variaciones de la interpretación bíblica milenial, los premileniales generalmente se clasifican en dos principales categorías de interpretación.

Premilenialismo histórico. Los premilenialistas históricos interpretan Apocalipsis y otros textos en gran medida como lo hizo el mundo cristiano desde el periodo del Nuevo Testamento hasta san Agustín. Esta visión sustenta que el pueblo de Dios crecerá en fortaleza, pero el poder de Satanás también se hará más evidente. Al final de los tiempos surgirá un anticristo y engañará al mundo. Muchos lo seguirán como resultado de una terrible persecución de aquellos que permanezcan fieles. Dios usará a los judíos otra vez en una forma que la Biblia no revela, pero serán salvados por gracia, por medio de la fe como lo son los gentiles. Comenzará un periodo literal de siete años de gran tribulación, a través del cual la iglesia sufrirá. Al final de este tiempo, Cristo regresará, y los creyentes se levantarán para encontrarlo en el aire. Derrotará a Satanás en una batalla literal (Armagedón) y establecerá un reinado literal de mil años. Al final de

Bien sea que se entienda literal o simbólicamente, el reinado milenial se refiere al gobierno de Cristo sobre su Reino.

ese tiempo, Satanás reunirá sus fuerzas para un último ataque a Dios, pero el maligno será derrotado. Luego vendrá el juicio y el establecimiento de un nuevo cielo y una nueva tierra. Muchos de quienes sustentan esta visión piensan que los números de Apocalipsis son simbólicos y no indican cantidades literales de tiempo (siete, mil, etc.); sin embargo, todos creen en la literalidad de los eventos profetizados.

Premilenialismo dispensacional. Los premilenialistas dispensacionales creen que la historia se divide en dispensaciones en las cuales Dios obra a través de diferentes métodos. Las dispensaciones son, entre otras, pre-Israel, Israel, la edad de la iglesia y el reino milenial. Los intérpretes difieren en algunos detalles, pero esencialmente esta interpretación concuerda con la postura premilenialista histórica en el surgimiento del anticristo, el periodo de la gran tribulación, la batalla de Armagedón, el reinado de mil años, la batalla al final del reinado, el juicio, y el nuevo cielo y la nueva tierra. Sin embargo, dentro de esos acuerdos, un enfoque distinto a la profecía produce diferentes conclusiones. Por ejemplo, muchos creen que Apocalipsis 2 y 3 no son solo cartas a las iglesias, sino que cada iglesia representa una edad distinta de la iglesia. De acuerdo con este enfoque, actualmente estamos en la última edad: la edad de la apostasía. La nación de Israel será restablecida, pues continúa siendo el pueblo elegido. Cristo regresará a la tierra en un tiempo durante el cual la iglesia verdadera será arrebatada para encontrarse con Cristo en el aire. Este es el comienzo de la gran tribulación. Los cristianos no vivirán esta tribulación. Durante ese tiempo, serán juzgados y se les designarán puestos para el próximo reino milenial. Durante la primera mitad de la gran tribulación, el anticristo engañará a los judíos para que lo apoyen. Luego los judíos se darán cuenta de su error y se volverán a Dios. Esto dará como resultado una severa persecución contra ellos. Sin embargo, muchos serán ganados para Cristo y se unirán al reino. Cristo regresará al final de la gran tribulación y establecerá el milenio. Durante este tiempo regirá al mundo con vara de hierro desde Jerusalén, trabajando por medio de aquellos que antes hayan sido designados a los diversos puestos de autoridad. Los acontecimientos al final del milenio son similares a aquellos descritos por los premilenialistas históricos, excepto que los dispensacionalistas creen en varias resurrecciones y varios juicios. Esta visión surgió durante el siglo XIX entre las Asambleas de Hermanos de *Plymouth* (un grupo iniciado por John N. Darby en Inglaterra) y que se hizo popular en los Estados Unidos, por medio de extensas conferencias bíblicas y la publicación de la Biblia anotada por *Scofield*. Muchos bautistas del sur sustentan esta visión.

Cualquiera que sea la visión que uno tenga respecto al milenio, lo esencial para la fe bíblica es creer en el regreso literal de Cristo. Debido a estas diferencias de interpretación entre los cristianos en relación con la segunda venida de Cristo Jesús, en *Fe y Mensaje Bautistas* se adopta una

La certidumbre del regreso de Cristo se basa en las promesas definitivas de la Palabra de Dios.

postura más bien abierta sobre la *manera* como Cristo vendrá, pero se afirma enérgicamente la realidad del hecho. Así que la verdad más importante de la Escritura acerca de la segunda venida del Señor es que Él regresará. Su regreso será de acuerdo con el calendario de Dios. Cualquier esfuerzo por nuestra parte para fijar fechas de su regreso o predecir todos los detalles del futuro están condenados al fracaso.

La certidumbre del regreso de Cristo se basa sólidamente en las Escrituras (Jn. 14.28, Hch. 1.10-11; 1 Ts. 4.16). La verdad del regreso de Cristo ha reafirmado a los cristianos durante tiempos de persecución. Esta verdad también sirve como aliento a los creyentes de que su futuro está en las manos de Dios. Sin embargo, estas no son las únicas razones por las cuales estudiar el tema. Una comprensión madura de esta doctrina da un enorme poder al cristiano para que sea activo en la evangelización, las misiones y la ética. Puesto que el Señor vendrá otra vez, debemos ocuparnos en hacer su trabajo en el mundo. Tal vez no estemos de acuerdo en los detalles, pero los desacuerdos acerca de la interpretación no deberían impedir a los cristianos estudiar esta parte importante de la revelación de Dios a nosotros.

ACTIVIDAD PERSONAL DE APRENDIZAJE 3

Defina brevemente cada visión del regreso de Cristo mencionada a continuación:

Postmilenialista _____

_____

Amilenialista _____

_____

Premilenialista histórica_____

_____

Premilenialista dispensacional_____

_____

Tanto creyentes como no creyentes enfrentarán el juicio de Dios.

Juicio y destino eternos

El fin de los tiempos será un período de juicios, después de que Dios haya buscado una y otra vez atraer a la gente hacia la redención. El hecho de que Dios es Juez ya se ha examinado en este estudio, pero debe reforzarse el punto de que el juicio eterno es seguro (Ap. 20.12-13). Nadie, creyente o no creyente, escapará. El cristiano está a salvo en la sangre de Cristo, pero aun así, tanto el gozo como el dolor abundarán cuando cada uno de nosotros comparezca ante Dios en el juicio y responda por su fidelidad (Ro. 14.19-21, 2 Co. 5.10). Nuestras endebles excusas para no poner a Dios primero (tan comprensibles, parece, en la actualidad) contrastarán agudamente con lo verdaderamente importante revelado por Dios. Los no redimidos se estremecerán ante Dios conforme Él declare con sorprendente detalle el número de veces que tuvieron la oportunidad de arrepentirse y no lo hicieron. Y será obvio que sus sentencias de condenación serán justas.

Realidad del cielo

La Biblia no nos dice mucho acerca del cielo, pero declara la realidad del cielo y lo describe en términos que dan la imagen de una increíble gloria. Varias verdades que se encuentran en la Biblia acerca del cielo son: 1) Es un lugar (véase Juan 14.2). 2) Jesús estará ahí (Jn. 14.3); 3). Dios estará ahí (Ap. 21.22-23). 4) No habrá ningún pecado ni sufrimiento; solo pureza (Ap. 21.4, 27; 22.1-3). 5) Habrá diferentes niveles de recompensa, designados de acuerdo con la fidelidad (Mt. 25.14-30). 6) Sabremos y entenderemos (1 Co. 13.8-12). 7) Alabaremos a Dios contantemente con gran gozo (Apo. 5.11-13; 15.2-4).

ACTIVIDAD PERSONAL DE APRENDIZAJE 4

De las verdades del cielo mencionadas, ¿cuál significa más para usted? ¿Por qué?

_____

_____

_____

_____

Realidad del infierno
La Biblia aborda también la realidad del infierno. Una palabra hebrea y dos palabras griegas se traducen *infierno*. La palabra hebrea *sheol* y las griegas *hades* y *tartarsas*, se refieren a la muerte en general o al reino general de los muertos. En el Nuevo Testamento la enseñanza es más clara. Ahí la palabra griega *gehenna* se refiere al lugar de condenación para el no redimido. Las traducciones recientes de la Biblia nos ayudan a ver estas diferencias. *Gehenna,* traducida apropiadamente *infierno,* era el basurero en Valle Hinom, al sur de Jerusalén, en donde continuamente se quemaba la basura. Era un lugar maldito porque se utilizaba para el sacrifico humano pagano en los días de la monarquía (2 Cr. 28.1-3, 33.1-6). Después de las reformas de Josías el lugar se utilizaba como el basureo de la ciudad, incluyendo para los animales muertos y los cuerpos de criminales ejecutados. Por lo tanto, la palabra indica *maldición,* así como *fuego incesante*. El uso bíblico de esta palabra para describir el infierno debería resolver cualquier debate acerca de la existencia de un lugar de tormento eterno. Su existencia está muy clara, no obstante los debates.

> Jesús se refirió a la realidad del infierno muchas veces.

En este sentido Jesús se refirió varias veces al infierno (Mt. 5.22, 29-30; 18.9, 23.15, Mr. 9.43-47, Lc. 12.5). Apocalipsis describe el infierno como un lago de fuego (véase 20.14-15). Jesús habló del infierno como un lugar "donde el gusano de ellos no muere, y el fuego nunca se apaga" (Mr. 9.48). Puesto que todo tipo de desechos se apilaban en el basurero fuera de la ciudad (*Gehena*), los gusanos se alimentaban y multiplicaban sin parar. El fuego nunca cesaba, las llamaradas se avivaban o había rescoldos. Las palabras *nunca se apaga* se derivan del griego *asbeston,* el cual dio origen en latín al término *asbestos* y este a *asbesto* en español. Significa algo que puede colocarse en el fuego pero nunca se quemará. Así que la afirmación de Jesús describe la idea de un castigo continuo. Jesús hizo otras declaraciones concernientes al infierno en Mateo 10.28, 13.41-42, 49-50, 23.33, 25.41, 46; Lucas 16.22-23; Juan 5.28-29. Juan en Apocalipsis llama al infierno "el lago del fuego" (Ap. 20.15), en Apocalipsis 19.20 "lago de fuego que arde con azufre". Todos estos textos del Nuevo Testamento pintan una imagen terrible del lago de fuego, un lugar donde el fuego nunca cesa.

> Es el rechazo al amor de Dios lo que envía a la gente al infierno.

Es lógico creer en el infierno si creemos en el más allá. Si existe una tierra de gozo y reposo para el pueblo fiel de Dios, existe un infierno para los no redimidos. En las Escrituras esto se expone con abundante claridad. Daniel 12.2 dice: "Y muchos de los que duermen en el polvo de la tierra serán despertados, unos para vida eterna, y otros para vergüenza y confusión perpetua". El principio fundamental de justicia demanda un cielo y un infierno. En este mundo aquellos que viven fuera de las leyes de la sociedad son considerados peligrosos y se les encarcela o segrega del resto de los ciudadanos, que sí acatan las leyes. Esta separación es necesaria para el bien de la sociedad y para proteger al inocente. La justicia lógica demanda que exista un infierno. Los seres humanos que viven fuera de la voluntad y la misericordia de Dios son rebeldes que no se adaptan a la justicia y pureza del cielo. La Biblia enseña que el pecado destruye la vida de la gente y los envía al infierno. No se trata de cuánto ame Dios a la gente; es el rechazo de su amor lo que los condena.

Nuevo cielo y nueva tierra

La consumación de la historia se llevará a cabo cuando el mundo actual pase y un nuevo cielo y una nueva tierra sean creados (Ap. 21.1). No sabemos bien cómo será ese acontecimiento para la creación o para nosotros personalmente, pero tenemos destellos de esa gloria. Hemos de estar a la expectativa (2 P. 3.13). Pablo escribió al respecto con palabras de exaltación; la creación será liberada de los gemidos de los dolores de parto hasta el tiempo de la redención (Ro. 8.18-22).

Pablo describió ese acontecimiento en 1 Corintios 15.24-28. Todo enemigo será derrotado, aun la muerte, y entonces Cristo entregará el reino a su Padre. Este tema no puede separarse de la obra de redención de Cristo, pues es el último desarrollo del reino de Cristo, el reino de Cristo en los corazones de las personas. Walter T. Conner escribió: "No es algo sin relación con, o fuera de la línea de lo que Él hizo al fundar ese reino".[6] La segunda venida, como lo señala Conner, no significa que Jesús haya dejado este mundo inactivo hasta su regreso, sino que Él gobierna aun desde el trono del cielo, trabajando para desplazar la historia hacia la gran consumación de las edades.[7] La sociedad perfecta descrita en el Sermón del Monte y en otras enseñanzas de Jesús, es una por la que se nos ordena trabajar, pues solo los redimidos estarán ahí, y Dios será su luz.

A los 17 años presencié la muerte de mi madre. Unos minutos antes me senté a su lado. Ella habló, pero no le entendí. Le pregunté qué estaba diciendo. Ella habló otra vez y dijo: "Veo a Jesús". Levantó su mano como si saludara a alguien y luego murió con una expresión de paz y gozo en su rostro. En Juan 14.3 Jesús promete: "Y si me fuere y os preparare lugar, vendré otra vez, y os tomaré a mí mismo, para que donde yo estoy, vosotros también estéis".

Como cristianos, podemos estar seguros de que Dios está en control. Él sostiene el futuro en sus manos amorosas. Bien sea que vayamos a su encuentro a través de la muerte o vivamos para ver su venida triunfante, nosotros, también, estamos en sus manos.

> Dios está al mando. Él sostiene el futuro en sus manos amorosas.

NOTAS | CAPÍTULO 6

Notas bibliográficas

Capítulo 1

1. Tal D. Bonham, Humor: *God's Gift*, Nashville: Broadman Press, 1988, 73-74.

2. B. H. Carroll, *Inspiration of the Bible,* Nueva York: Fleming H. Revell Company, 1930, 121.

3. Juan Wesley, The *Works of John Wesley,* ed. Albert C. Outler, vol. 1, Sermons 1, 1-33, Nashville: Abingdon Press, 1984, 105.
 Usado con permiso.

Capítulo 2

1. E. Y. Mullins, The *Axioms of Religion*, Filadelfia: American Baptist Publication Society, 1908, 73.

2. *The Letter to the Hebrews*, The Daily Study Bible Series, rev. ed., trad. de William Barclay, Filadelfia: The Westminster Press, 1976, 43-44.

3. W H. Griffith Thomas, *The Holy Spirit of God,* Grand Rapids: Wm. B. Eerdmans Publishing Company, 1955, 144.

4. Herschel H. Hobbs, *Fundamentals of Our Faith*, Nashville: Broadman Press, 1960, 61.

Capítulo 3

1. Watter Thomas Conner, *Revelation and God,* Nashville: Broadman Press, 1936, 53.

2. Paul S. Rees, *The Adequate Man: Paul in Philippians*, Westwood, Nueva Jersey: Fleming H. Revell Company, 1959, 71.

3. Frank Stagg, *New Testament Theology*, Nashville: Broadman Press, 1962, 19.

4. Leon Morris, *The Atonement*, Downers Grove: InterVarsity Press, 1983, 45-50. Utilizado con permiso.

5. T. W Hunt, *The Doctrine of* Prayer [La doctrina de la oración], Nashville: Convention Press, 1986, 62.

6. Morris, 45-50.

7. Millard J. Erickson, *Christian Theology*, Grand Rapids: Baker Book House, 1985, 811.

8. Ibid.

9. Morris, 200.

10. Edgar Young Mullins, *The Christian Religion in Its Doctrinal Expression*, Nashville: The Sunday School Board of the Southern Baptist Convention, 1917, 437.

Capítulo 4

1. Archibald Thomas Robertson, *Word Pictures in the New Testament*, vol 5, Nashville: The Sunday School Board of the Southern Baptist Convention, 1932, 375.

Capítulo 5

1. Herschel H. Hobbs, *A Layman's Handbook of Christian Doctrine*, Nashville: Broadman Press, 1974, 32.

2. W. A. Criswell, *The Doctrine of the Church* [La doctrina de la iglesia], Nashville: Convention Press, 1980, 46-47.

3. Bill J. Leonard, *The Nature of the Church*, Layman's Library of Christian Doctrine, Nashville: Broadman Press, 1986, 46-47.

4. W A. Criswell, *Criswell's Guidebook for Pastors*, Nashville: Broadman Press, 1980, 372.

5. Walter T. Conner, *The Gospel of Redemption*, Nashville: Broadman Press, 1945, 277.

Capítulo 6

1. Herschel H. Hobbs, *A Layman's Handbook of Christian Doctrine*, Nashville: Broadman Press, 1974), 51.

2. Ray Summers, *The Life Beyond* Nashville: Broadman Press, 1959, 18-19.

3. Ibid., 23-24.

4. Ibid., 25.

5. Ibid., 29.

6. Walter T. Conner, *The Gospel of Redemption*, Nashville: Broadman Press, 1945, 326-327.

7. Ibid., 331.

Preguntas para reflexionar

Capítulo 1
1. ¿Qué dice la Biblia respecto de su propio origen divino?
2. ¿En qué forma difiere la inspiración de la Biblia de la inspiración de otros escritos?
3. Con respecto a las Escrituras, ¿qué significa la palabra griega *theopneustos*?
4. ¿Por qué cree que la Biblia ha podido resistir todos los ataques de sus críticos?
5. La Biblia fue escrita en diversos géneros literarios, por diferentes personas, durante un periodo largo. Sin embargo los cristianos creen que la Biblia tiene un mensaje central. ¿Cuál es el mensaje más importante de la Biblia?
6. ¿Por qué han insistido los bautistas históricamente sobre la autoridad de la Biblia, más que en la autoridad de un credo?

Capítulo 2
1. ¿Cómo respondería a una persona que dice que creer en la Trinidad es lo mismo que creer en tres dioses?
2. *Jehová* es el nombre personal mediante el cual Dios se reveló a sí mismo a Moisés, ¿Qué cree que significa este nombre? ¿Qué nos dice este nombre acerca de Dios?
3. Respecto a la creación, ¿qué significa el término *ex nihilo*?
4. Cuando utilizamos la palabra *encarnación* en relación con Jesús, ¿qué significa?
5. El autor afirma: "Creer en el nacimiento virginal es absolutamente esencial para el cristianismo normativo" ¿Está de acuerdo o en desacuerdo? ¿Por qué sí o por qué no?
6. ¿Por qué es importante el Espíritu Santo en la vida de un cristiano?

Capítulo 3
1. ¿Qué cree que quiere decir el texto bíblico que afirma que los humanos fueron creados a la imagen de Dios?
2. ¿Cuáles son algunas descripciones bíblicas del pecado?
3. Se dice que la cruz de Cristo es una propiciación o expiación por nuestros pecados, ¿Qué significan estas dos palabras griegas? ¿Cuál cree que describe mejor lo que Cristo hizo en la cruz?
4. ¿Cómo explicaría los aspectos intelectuales, emocionales y volitivos de la conversión al cristianismo?

Capítulo 4
1. ¿Cuáles son los privilegios del sacerdocio de todos los creyentes? ¿Cuáles son algunas de las responsabilidades?
2. ¿En qué sentido los creyentes en Cristo son llamados *templos*?
3. ¿Cuáles son los tres aspectos de la santificación?
4. ¿Cuál es la frase correcta: "los frutos del Espíritu" o "el fruto del Espíritu"? ¿Por qué es importante esta distinción?,
5. ¿Cómo reacciona a la afirmación: Un verdadero creyente en Cristo Jesús no puede perder su salvación?

Capítulo 5
1. ¿En qué sentido la iglesia es universal? ¿Local? ¿Cuál de estas designaciones se encuentra más a menudo en la Biblia?
2. ¿Cuál imagen bíblica de la iglesia le parece más significativa?
3. ¿Cuál es el significado del bautismo?
4. ¿Cuál es el significado de la expresión *bautismo del creyente*? ¿Por qué es esta una creencia importante para los bautistas?
5. ¿Cuál es la diferencia entre un sacramento y una ordenanza? ¿Son el bautismo y la Cena del Señor sacramentos u ordenanzas?

Capítulo 6
1. ¿Qué significa la palabra *escatología*?
2. ¿Por qué es la resurrección del cuerpo una creencia cristiana importante?
3. ¿De qué manera la realidad de la segunda venida de Cristo da valor e incentivos a la obra de Dios en el mundo?
4. ¿Está de acuerdo con la declaración: "Como cristianos podemos estar seguros que Dios está al mando y sostiene el futuro en sus manos"? ¿Por qué es importante esto para usted?

PLAN DE ESTUDIO DE CRECIMIENTO CRISTIANO

Preparar a los Cristianos para Servir

En el **Plan de Estudio de Crecimiento Cristiano (anteriormente el Curso de Estudio de la Iglesia)**, *Los cimientos de nuestra fe* es el libro de texto en el área de Doctrina Bautista en el diploma de la categoría de crecimiento cristiano. Para recibir crédito, lea el libro, complete las actividades de aprendizaje, enseñe el trabajo realizado al pastor, o un miembro del personal o líder de la iglesia, y luego complete la siguiente información. Puede reproducir esta página. Después de completar la información, envíela a:

**Plan de Estudio de Crecimiento Cristiano
One LifeWay Plaza, MSN 117
Nashville, TN 37234-0117
FAX: (615) 251-5067**

El catálogo anual del Plan de Estudio de Crecimiento Cristiano ofrece información acerca del plan de estudio. Quizás la oficina de la iglesia tenga uno. Si no lo tiene, pida un ejemplar gratis a la oficina del Plan de Estudio de Crecimiento Cristiano (615/251-2525).

LOS CIMIENTOS DE NUESTRA FE
Curso: CG- 0624

INFORMACIÓN DEL SOLICITANTE

NO. DEL SEGURO SOCIAL | NO. PERSONAL DEL PECC* | FECHA DE NACIMIENTO

NOMBRE: PRIMERO, SEGUNDO Y APELLIDO
❏ SR.   ❏ SRTA.
❏ SRA. ❏

TELÉFONO

DIRECCIÓN (CALLE, RUTA O NO. DEL APARTADO POSTAL) | CIUDAD, ESTADO | CÓDIGO POSTAL

INFORMACIÓN DE LA IGLESIA

NOMBRE DE LA IGLESIA

DIRECCIÓN (CALLE, RUTA, O NO. DEL APARTADO POSTAL) | CIUDAD, ESTADO | CÓDIGO POSTAL

SÓLO PARA SOLICITAR CAMBIOS

❏ ANTIGUO NOMBRE

❏ DIRECCIÓN ANTERIOR (CALLE, RUTA O NO. DEL APARTADO POSTAL) | CIUDAD, ESTADO | CÓDIGO POSTAL

❏ IGLESIA ANTERIOR | CIUDAD, ESTADO | CÓDIGO POSTAL

FIRMA DEL PASTOR, MAESTRO U OTRO LÍDER DE LA IGLESIA | FECHA

*Se pide que los nuevos solicitantes den su número del SS, pero no se requiere. Los participantes que ya han hecho estudios anteriores, por favor den su número del Plan de estudio de crecimiento cristiano (PECC) cuando estén usando el número del SS por primera vez. Después sólo se requerirá un número de identificación (ID).